レポート・論文を さらに よくする 「書き直し」ガイド

大学生・大学院生のための自己点検法29

佐渡島紗織・坂本麻裕子・大野真澄 編著

大修館書店

まえがき

　本書は、「ひとまず考えていることを書いた」文章をスタート地点とした本です。文章をどのように書いたらよいかを説いた本は世の中にたくさんありますが、ひとまず書き終えた文章を次にどのようにすればよいかを説いた本は、あまりありません。そこで、本書は、学術的文章の初稿を、形も内容も磨いて、よりよくしていくための方法を学ぶために書かれました。これらの方法は、会社での報告書など論理性が求められるあらゆる文章に応用できます。

　学生や大学院生の皆さんが、レポートや論文を自分自身でよくすることができるように本書は作られています。つまり、自学自習が目標です。ひとまず書いた文章を、もっと論理的にしたい、もっと読み手に伝わるように書きたいという「お悩み」を、皆さんが自身で解決できるような本を目指しました。

　明確な文章でレポートや論文の執筆ができる学生を育てたいと考えていらっしゃる学部や大学院の教員にも、本書がお役に立てれば幸いです。学生たちのレポートや論文を指導する際、専門内容については教員が助言する必要があるものの、書き方に関するコメントで多くの労を強いられている教員は多いのではないでしょうか。文章の自己点検ができる、自立した学生を育てるために、本書を活用していただけたら幸いです。

　書き手の自立は、文章作成教育における課題の一つです。教員が親切に添削を施すことが、果たして書き手の文章作成力向上につながるでしょうか。文章のどこが問題かを特定し、どのように修正したらよいかを考えるべきは書き手自身です。文章を診断する観点を学ぶことにより、書き手は独りで診断と修正を行えるようになるでしょう。

本書では、「ひとまず書かれた文章」10編が取り上げられ、それぞれが複数の方法で書き直されていきます。すなわち、同一の文章を、異なる文章技術を使って書き直すとどのようになるかを文章例で見ることができます。御自分の文章にはどのような問題がありそうか、どの文章技術を使って加筆修正するとよいかを考えるための道筋を29通り示してあります。

　本書は、早稲田大学グローバルエデュケーションセンター、アカデミック・ライティング教育部門で実際に文章指導にあたっている大学院生や修了生が中心となって執筆しました。日頃、「ひとまず書かれた文章」がどうしたらもっとよくなるかを助言している、文章指導の専門家たちです。さまざまな分野で自身も論文を書いている執筆者たちが、少しでも皆さんの文章作成や指導の助けになるようにとの願いをこめて書きました。

　早稲田大学ライティング・センターを訪問してくださった本橋祈さんの熱心な勧めで本書は誕生しました。また、伊藤進司さんと尾崎祐介さんが、丁寧に編集とデザインを手がけてくださいました。心より御礼申し上げます。

2015年8月22日
佐渡島紗織・坂本麻裕子・大野真澄

もくじ

まえがき…ii
この本の使い方…vi

第1章 内容の方向性が決まらない
- 修正方法その1　ブレーン・ストーミングをやり直す…2
- 修正方法その2　問いと答えを作る…6
- 修正方法その3　目的を書く…10

コラム　「声に出して」読もう…14

第2章 立場が曖昧
- 修正方法その1　文献を読んで立場を決める…16
- 修正方法その2　問いを点検する…20
- 修正方法その3　先行研究をふまえる…24

コラム　レポート課題にこたえよう…28

第3章 独りよがりになっている感じがする
- 修正方法その1　キーワードを点検する…30
- 修正方法その2　具体的な語句で書き表す…34
- 修正方法その3　比喩を点検する…38
- 修正方法その4　文献を用いて証明する…42

コラム　他者の目を通そう…46

第4章 説得力がいまひとつ足りない
- 修正方法その1　文を整える…48
- 修正方法その2　具体例を点検する…52
- 修正方法その3　題を点検する…56

コラム　字数を守ろう…60

第5章 軽い感じがする
- 修正方法その1　片仮名語と略語を点検する…62

　　　　修正方法その2　語句の定義をする… 66

　コラム　誤字脱字をなくそう（日本語・英語）… 70

第6章 論理展開に一貫性がない

　　　　修正方法その1　接続表現を点検する… 72

　　　　修正方法その2　段落同士の関係を点検する… 76

　　　　修正方法その3　見出しを点検する… 80

　コラム　話し言葉を避けよう… 84

第7章 構成が未整理な気がする

　　　　修正方法その1　《序論》《本論》《結論》の構成で書く… 86

　　　　修正方法その2　パラグラフ・ライティングで書く… 90

　　　　修正方法その3　パワー・ライティングで書く… 94

　コラム　締切を守ろう… 98

第8章 引用が適切にできているか不安

　　　　修正方法その1　適切に引用する… 100

　　　　修正方法その2　ブロック引用をする… 106

　　　　修正方法その3　参考文献リストを整える… 110

　コラム　剽窃を避けよう… 114

第9章 図表の扱いに自信がない

　　　　修正方法その1　図表の題を適切につける… 116

　　　　修正方法その2　図表と本文の関係を整える… 120

　コラム　参考になるウェブサイト（日本語）… 124

第10章 英語部分が心配

　　　　修正方法その1　英文要旨を書く… 126

　　　　修正方法その2　英文の題をつける… 130

　　　　修正方法その3　英語参考文献リストをつける… 133

　コラム　参考になるウェブサイト（英語）… 139

執筆者一覧… 140

索引… 142

この本の使い方

1. 全体の構成

　本書は 10 章で構成されています。文章作成に関するお悩みとそれを解決するためのさまざまな技術や規則を各章で扱っているため、第 1 章から順に読み進める必要はありません。各章では【最初の文章】が 1 編ずつ取り上げられています。それぞれの章で 2〜4 つの技術を扱い、【最初の文章】は節ごとに「特定の技術だけを使って」書き直されています。したがって、各章で示される【修正後の文章】は、同一の文章を異なる技術で修正した例となります（下図参照）。

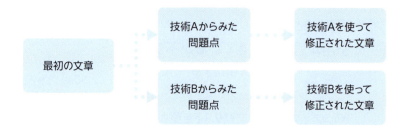

2. 各節の構成

　各章の初めに、文章作成に関するお困りポイントが示されています。それぞれの節は、次の 4 つのページから構成されています。まず、【最初の文章】のページでは、問題のある文章が示されています。各節で扱う技術に即して問題点の箇所が青字で示されているので、文章の問題点を考えてみましょう。【文章の問題点】のページでは、【最初の文章】で示された青字部の問題点を解説します。【技術】のページでは、青字部で示された問題点を解決するために使うべき技術を説明しています。問題のある箇所の書き直し方法を学ぶことができます。最後に、【修正後の文章】のページでは、前ページで紹介された技術を使って、文章が書き直されています。太字部は文章が書き直された箇所です。なお、【最初の文章】で示された箇所が不要または不適切と判断された場合には、その箇所は削除されています。引用と参考文献リストは APA 書式（第 8 章参照）に準じています。

▲【最初の文章】のページ

▲【文章の問題点】のページ

▲【技術】のページ

▲【修正後の文章】のページ

3. 文章を批判的に読む練習をしたい場合は…

　文章を批判的に読み、文章の問題点を考える練習をしたい場合には、各章の【最初の文章】のページのみを読み、その文章にどのような問題があるかを検討する練習をするとよいでしょう。文章の問題点を分析し、修正方法まで具体的に考えてから、【文章の問題点】【技術】【修正後の文章】のページを読んで、答え合わせをすることもできます。

4. 技術のみを学びたい場合は…

　文章を書き直す際に、どのような文章技術や規則があるかを網羅的に学びたい場合には、各章の【技術】のページのみを読むことができます。10章分まとめて串刺しにして読むことで、文章の書き直しの際に役立つ技術や規則を学習することができます。文章技術の基礎を学びたい人は、『これから研究を書くひとのためのガイドブック―ライティングの挑戦

15週間』(佐渡島紗織・吉野亜矢子著、2008、ひつじ書房)と併せて勉強するとよいでしょう。

5. よい文章を読みたい場合は…

【修正後の文章】のページを串刺しにして読むことにより、目指すべき文章のイメージがより明確になるでしょう。ただし、それぞれの節で扱われる単一の技術だけを使って書き直された文章は、必ずしも〈完璧〉な文章とはいえず、改善の余地があるものです。意識する技術が違えば、異なる文章が生まれます。複数の文章技術を組み合わせて総合的に使うことで、より優れた文章になるのです。

6. チェック・ポイントの活用方法

各章の【技術】のページには、チェック・ポイントがついています。自分が書いた文章を見直すときに、チェック・ポイントを活用し、技術や規則が文章に反映されているかを確認しましょう。

7. 関連する章や節(矢印表記)

本文中には、参考にするとよい章(節)を案内する矢印表記がついています。適宜、複数の章を参照し、さまざまな技術を使って何度も文章を書き直しましょう。

8. コラム

各章の後にコラムがついています。文章の書き直しに役立つ情報が示されています。論文やレポート作成の合間に、気軽に読んでみましょう。

9. 索引の利用方法

文章作成や書き直しに関する具体的な語句を、索引から引いてもよいでしょう。気になる語句を索引で探して、該当する章を読んでみましょう。

10. 書式

本書はAPA書式で記載されています。他の書式は各マニュアルをご覧ください。

第1章

内容の方向性が決まらない

とりあえず書いてみたが、
何が言いたいことかわからなくなった…

書きたいことが定まらない…

どこが焦点なのかわからない文章になってしまった…

書いているうちに、内容がだんだんずれてきた…

ブレーン・ストーミングをやり直す

課題：日本の国際化について論ぜよ。

日本の国際化

　国際化が叫ばれるようになって久しい。そうした中、私たちの生活は大きく変化したといえるのではないだろうか。交通手段や技術の発達により、国を超えての移動が簡単になった。それに伴い、海外進出する日本企業も増加し、海外で働く日本人も増えており、海外旅行をする日本人も年々増加している。また、日本に暮らす外国人も増加している。海外の製品やお菓子なども、普通に手に入れられるようになった。日本企業の製品も、現地の人に合わせた形で生産され売られているという。そういった意味では、日本の国際化はすすんでいると言えるだろう。旅行にせよ仕事にせよ、海外での居住経験がある日本人が増えること、または身の回りに住む外国人との接触が増えることで、海外が身近になり、海外や外国人が日本人にとってもはや特別ではなくなりつつある。つまり、人やモノ、カネの移動がより自由に行われるようになったのである。

　しかし、日本人の英語力の低さはいまだに有名である。そこで、日本人の英語能力の向上が必要となる。英語は世界で多くの国や地域で使われている言語であり、公用語として採用している企業も多い。英語教育の導入を早めるべきだという議論もあるが、そこにどれだけの意味があるのか、本当に英語が話せるようになるのかは疑問が残る。しかし英語が話せなければ、グローバルなビジネス場面で、諸外国の人と対等に渡り合うことはできず、真の相互理解を築くこともできないであろう。

❓ 文章の問題点
論じたい内容が絞りきれていない

　「日本の国際化」という大きなテーマに関わるさまざまな問題を取り上げており、論じたい内容が絞りきれていない。つまり、取り上げている範囲が広くなりすぎ、内容が浅くなってしまっている。

　第1段落には、「人やモノ、カネの移動」(12〜13行目) という広いテーマに関する、多くの要素が書かれている。要素は、「交通手段や技術の発達」「海外進出する日本企業」「海外で働く日本人」「海外旅行をする日本人」「日本に暮らす外国人」「海外の製品やお菓子」、そして「日本企業の製品」と広範囲に及んでいる。

　第2段落には、「英語能力の向上」(15行目) という広いテーマに含まれる「日本人の英語力の低さ」「公用語として採用している企業」「英語教育の導入」「グローバルなビジネス」「対等」「相互理解」などといった要素が含まれている。

　第1段落と第2段落が一貫した内容になっていない。また、それぞれの段落の中でもさまざまな要素に言及しており、一つの段落の中でも内容が一貫していない。すなわち、全体で言及している要素が多すぎるため、何を論じているのかわかりにくくなっている。

❗ ブレーン・ストーミングをやり直そう

1 ブレーン・ストーミングとは

　書きたいことが定まらない場合やどこに焦点を当てたらよいのかわからない場合にブレーン・ストーミングを行うとよい。ブレーン・ストーミングは「脳裏をかすめる事柄をすべて出してみるという作業」である（佐渡島・吉野, 2008, pp.26-27）。脳裏をかすめる事柄をすべて書き出したら、それらを整理し、一貫した内容になるよう、文章で取り上げる範囲を絞る。

　ブレーン・ストーミングにはさまざまなやり方がある。例えば、マインド・マップを作る、箇条書きでキーワードやキーセンテンスを書き出すなどが挙げられる。ひたすら考えを綴るフリー・ライティングという方法もある。ここでは、キーワードの箇条書きを紹介する。

2 キーワードの箇条書き

(1) まず、書いた文章から離れて、レポートや論文で取り扱うテーマに関連するキーワードを箇条書きにしていく。思い浮かんだものをすべて書くとよい。この段階で文献に目を通す作業も役立つ。

(2) 次に、書いたキーワードを整理する。「似ている」もしくは「関連性が強い」キーワードに下線を引いたり、囲ったり、色づけしたりして、複数のグループを作る。他のキーワードとグループにできないキーワードがあっても構わない。

(3) 最後に、「書きたい内容」もしくは「書けそうな内容」に関わるグループを一つもしくは複数選ぶ。文章の長さに合わせて選ぶとよい。グループに入っていないキーワードを選んでもよい。ただし、そのキーワードをどのグループにも含めなかった理由は、他の事柄と関連づけにくかったからであり、文章にする際に内容を深めにくい可能性がある。

チェック・ポイント

- ☐ ブレーン・ストーミングをやり直して、含める要素を再検討した。
- ☐ 文章の分量に見合う範囲に内容を絞った。

参考文献
佐渡島紗織・吉野亜矢子（2008）『これから研究を書くひとのためのガイドブック―ライティングの挑戦15週間』ひつじ書房

ブレーン・ストーミングをやり直すと…

ブレーン・ストーミングをやり直し、できあがったキーワードのグループの中から「書きたい内容」もしくは「書けそうな内容」を反映しているグループを選ぶことにした。

《日本の国際化》
- 技術の発達…⑤
- 交通手段の発達…①
- 海外製品の輸入…②
- 海外食品の輸入…②
- 海外進出する日本企業…①
- 日本人の海外旅行…①
- 日本に来る外国人観光客…①
- 人の移動…①
- カネの移動…③
- モノの移動…②
- 英語教育…④
- 企業における英語の公用語化…④
- 海外在住の日本人…①
- 日本に暮らす外国人…①
- 相互理解…⑤
- 対等…⑤
- 外国人看護師…①
- グローバル・ビジネス…③

《日本の国際化》
① 人の移動
- 交通手段の発達
- 海外進出する日本企業
- 日本人の海外旅行
- 日本に来る外国人観光客
- 海外在住の日本人
- 日本に暮らす外国人
- 外国人看護師

② モノの移動
- 海外製品の輸入
- 海外食品の輸入

③ カネの移動
- グローバル・ビジネス

④ 英語能力
- 英語教育
- 企業における英語の公用語化

⑤ 日本人と外国人の関係
- 技術の発達
- 相互理解
- 対等

> もっと深く知りたいからこれにしよう

① 人の移動 だけに絞って書く!

> 授業で習って興味があるので、これにした

修正方法その2　問いと答えを作る

最初の文章

課題：日本の国際化について論ぜよ。

日本の国際化

　国際化が叫ばれるようになって久しい。そうした中、私たちの生活は大きく変化したといえるのではないだろうか。交通手段や技術の発達により、国を超えての移動が簡単になった。それに伴い、海外進出する日本企業も増加し、海外で働く日本人も増えており、海外旅行をする日本人も年々増加している。また、日本に暮らす外国人も増加している。海外の製品やお菓子なども、普通に手に入れられるようになった。日本企業の製品も、現地の人に合わせた形で生産され売られているという。そういった意味では、日本の国際化はすすんでいると言えるだろう。旅行にせよ仕事にせよ、海外での居住経験がある日本人が増えること、または身の回りに住む外国人との接触が増えることで、海外が身近になり、海外や外国人が日本人にとってもはや特別ではなくなりつつある。つまり、人やモノ、カネの移動がより自由に行われるようになったのである。

　しかし、日本人の英語力の低さはいまだに有名である。そこで、日本人の英語能力の向上が必要となる。英語は世界で多くの国や地域で使われている言語であり、公用語として採用している企業も多い。英語教育の導入を早めるべきだという議論もあるが、そこにどれだけの意味があるのか、本当に英語が話せるようになるのかは疑問が残る。しかし英語が話せなければ、グローバルなビジネス場面で、諸外国の人と対等に渡り合うことはできず、真の相互理解を築くこともできないであろう。

❓ 文章の問題点

「問い」が書かれていないために、何を論じているのかわかりにくい

　文章の中に筆者の主張と思われること（青字部）は書かれているが、これらのうちの一つが主張なのか、すべてを合わせると主張になるのかわからない。

　以下のように整理してみると、第1段落、第2段落それぞれの青字部は、異なる問いに対する答えになってしまっている。

第1段落

そういった意味では、日本の国際化はすすんでいると言えるだろう。
➡「日本の国際化は<u>すすんでいるか</u>」という問いに対する答え

人やモノ、カネの移動がより自由に行われるようになったのである。
➡「日本の国際化は<u>どのようにすすんでいるか</u>」という問いに対する答え

第2段落

日本人の英語能力の向上が必要となる。（中略）しかし英語が話せなければ、グローバルなビジネス場面で、諸外国の人と対等に渡り合うことはできず、真の相互理解を築くこともできないであろう。
➡「日本の国際化をすすめるためにはどのような改善が必要か」という問いに対する答え

　このように、文章中で論じたい「問い」と「答え」が不明確なため、どこに行き着こうとしている文章なのか不明なままさまざまな意見が羅列されている。また、論がすすむにつれて内容がだんだんずれていってしまっている。

❗ 問いと答えを作り直そう

1 問いを示す

　レポートや論文を書く際には、まず、明らかにしたいことを明確にする必要がある。その、明らかにしたいことを、「問い」の形で示すとよい（➡第2章―2 問いを点検する）。

　　a．日本は国際化しているのか
　　b．日本の国際化はどのようにすすんでいるか
　　c．なぜ国際化が求められるのか
　　d．国際化することでどのような影響があるのか
　　e．日本の国際化をすすめるためにはどのような改善が必要か

　これらの答えが文章中での筆者の主張になる。a．の答えは「国際化している」もしくは「国際化していない」となる。c．「なぜ」、d．「どのような」という問いにも、それに対応した答えを示すことになる。
　このように、明らかにしたい問いと答えを明確にすることで、本論で議論すべき点が定まる。

2 問いと答えを呼応させる

　「問い」と「答え」を意識し、読み手を説得するような流れにするには、簡単なアウトラインを作って論の流れを整理する作業も有効である。アウトラインを作ることで、「書いているうちに、内容がだんだんずれてきた」という事態を避けることができる。

チェック・ポイント

☐ 明らかにしたい事柄を「問い」として示した。
☐ 「問い」と「答え」が呼応している。

問いと答えを作り直すと…

〈問い a. の場合〉

(問い) 日本は国際化しているのか。

(証拠①) 海外に行く日本人が増えている。
・海外進出する日本企業→海外出張、赴任が増える
・海外旅行

(証拠②) 海外から来る外国人も増えている。
・外国人就労者
　　外資系企業の日本進出、外国人看護師
・外国人観光客

(答え) 以上から、日本は国際化していると言える。

〈問い e. の場合〉

(問い) 日本の国際化をすすめるためにはどのような改善が必要か。

(改善策) 日本人の英語能力向上のための英語教育
　案1　初等〜高等教育機関での英語教育
　案2　それぞれの分野での専門的な英語教育

(答え) 検討してきたように、日本の国際化をすすめるためには日本人の英語能力を向上させる必要がある。

目的を書く

課題：日本の国際化について論ぜよ。

日本の国際化

　国際化が叫ばれるようになって久しい。そうした中、私たちの生活は大きく変化したといえるのではないだろうか。交通手段や技術の発達により、国を超えての移動が簡単になった。それに伴い、海外進出する日本企業も増加し、海外で働く日本人も増えており、海外旅行をする日本人も年々増加している。また、日本に暮らす外国人も増加している。海外の製品やお菓子なども、普通に手に入れられるようになった。日本企業の製品も、現地の人に合わせた形で生産され売られているという。そういった意味では、日本の国際化はすすんでいると言えるだろう。旅行にせよ仕事にせよ、海外での居住経験がある日本人が増えること、または身の回りに住む外国人との接触が増えることで、海外が身近になり、海外や外国人が日本人にとってもはや特別ではなくなりつつある。つまり、人やモノ、カネの移動がより自由に行われるようになったのである。

　しかし、日本人の英語力の低さはいまだに有名である。そこで、日本人の英語能力の向上が必要となる。英語は世界で多くの国や地域で使われている言語であり、公用語として採用している企業も多い。英語教育の導入を早めるべきだという議論もあるが、そこにどれだけの意味があるのか、本当に英語が話せるようになるのかは疑問が残る。しかし英語が話せなければ、グローバルなビジネス場面で、諸外国の人と対等に渡り合うことはできず、真の相互理解を築くこともできないであろう。

❓ 文章の問題点

文章の目的がはっきりしない

　文章全体の到達点、すなわち目的が見えない。何のために書く文章なのか、どこへ行き着こうとしているのかがわからない。

第1段落
私たちの生活は大きく変化したといえるのではないだろうか。
➡ 何となく自分の立場を仄めかしつつ、日本が国際化していると考える理由や具体例が示されている。

第2段落
日本人の英語力の低さはいまだに有名である。
➡ ここから、この文章全体の目的は、さまざまに読み取れる。
　　　「理由を述べること」
　　　「具体例を挙げること」
　　　「日本人の英語力の低さを問題提起すること」
　　　「理由を述べて具体例を挙げること」
　「理由」「具体例」「問題提起」のうち、ポイントを絞ってそれを目的とするのか、あるいは、この三つすべてを目的とするのか、明確にする必要がある。

❗ 目的を明確にして書き直そう

1 目的を明確に示す

　文章の冒頭で目的をはっきり示すと、書き手の思考の方向性が明確になり、「どこが焦点なのかわからない文章になってしまった。」「書いているうちに、内容がだんだんずれてきた。」という悩みを解消することができる。

　文章全体の目的は、序論で書く。つまり早い段階で読み手に伝える。例えば、「本レポートでは、日本が国際化しているといえる理由を示す。」「本稿では、日本が国際化しているといえる理由を示し、その具体例を挙げることを目的とする。」など、目的を簡潔に示す。他にも、次のような予告ができる。

　　「本稿の目的は、〜〜を再検討することである」
　　「本研究では、◎◎と◆◆の因果関係を明らかにする」
　　「本稿では、○○と△△を比較する」
　　「本レポートでは、▲▲の要因を模索する」
　　「本研究では、〜〜の要因を分析し、◎◎を提案する」など。

　目的は二文で示す場合もある。そして、冒頭で示した目的に従って、本論ではそれを詳細に論じ、結論でまとめていく（➡第7章—1《序論》《本論》《結論》の構成で書く）。

2 論じる視点も示す

　論じる視点や範囲を目的とともに示すこともできる。例えば、「人の移動」という視点から論じる場合、「本稿は、『人の移動』という視点から日本が国際化しているといえる理由を論じる。」と示してもよい。副題で視点を述べる場合は、『日本の国際化―「人の移動」から―』などと表す。

チェック・ポイント

☐ 文章全体の目的が明示されている。
☐ 必要に応じて、論じる視点や範囲が目的とともに示されている。

目的を明確にして書き直すと…

日本の国際化
―「人の移動」から―

　国際化が叫ばれるようになって久しい。交通手段や技術の発達により、国を超えての移動が簡単になった。そこで、本レポートでは、「人の移動」という視点から、日本が国際化しているといえる理由を論じる。
　日本が国際化しているといえる理由は二つある。
　第一の理由は、海外に渡航する日本人が増えていることである。近年、海外進出する日本企業も増加している。それにより、海外出張や海外駐在をする日本人も年々増加している。また、海外旅行をする日本人も増えている。特に、日本から近く、安価で行けるアジア圏への日本人観光客が増え続けている。
　第二の理由は、海外から日本に来る外国人が増えていることである。近年、日本に進出する外資系企業が増えており、日本政府も看護師などの外国人就労者を積極的に受け入れている。それにより、日本に暮らす外国人が増えている。また、日本への外国人観光客も増加している。例えば、格安航空会社の就航拡大、アジア地域への増便により、近隣諸国からの外国人観光客が増えている。また、日本政府も、アジア諸国向けにビザの発給要件を緩和し、外国人観光客の受け入れ態勢を整えている。それにより、日本を訪れる外国人が着実に増加している。今後も、2020年東京オリンピックに向けて、外国人観光客のさらなる増加が見込めるであろう。
　以上、日本が国際化しているといえる二つの理由を述べた。海外に渡航する日本人が増えていること、海外から日本に来る外国人が増えていることが理由である。

COLUMN

「声に出して」読もう

　自分で書いた文章を声に出して読み直す人はどれくらいいるだろうか？　あまり多くはないと思う。「声に出して」読み直すことは、よい文章を書くためにとても大事なことである。

　黙って文章を読み直すことと「声に出して」読み直すことは何が違うのだろう。声に出さずに文章を読むときは、目を使う。一方、「声に出して」読み直すと、私たちの感覚器である目・耳・口が総動員して文章のチェックをしてくれる。

　声に出して読み直してみると、いろいろなことに気づかされる。例えば、内容の不適切さ、論のつながりの悪さ、文のねじれ、ことばの誤用、表記の間違いなどに気づくものである。それらを修正しよう。つまり、音読をして引っかかるようなところが修正の必要な箇所である。自分で自分の文章を点検してから提出しよう。

第2章

立場が曖昧

書いているうちに自分の立場がわからなくなった…

そもそも、この研究の問いは適切だろうか…

先行研究をどう活用したらよいかわからない…

文献を読んで立場を決める

課題:子どもが携帯電話を持つことについて論ぜよ。

子どもが携帯電話を持つことについて

　子どもが携帯電話を持つことについて、さまざまなことが言われている。なぜ子どもが携帯電話を持つことは良いのか。父親や母親と連絡を取りやすくなる。携帯電話のインターネットを通じていろいろな情報を検索でき、知識の幅も広がるだろう。また、携帯電話のSNSを使い、新たな友達ができたりする。一方で、電波が体に悪い、画面を見続けることで視力が下がると懸念されたり、見知らぬ人と連絡を取り、トラブルに巻き込まれたり、犯罪に加担してしまったりする可能性も考えられる。さらには、SNSを通じたいじめも深刻な問題になっている。いじめについては大人がSNSを使い慣れていないという事情もあって、問題に気づきにくい。

　携帯電話を持つことは便利であるが危険な側面もある。携帯電話の利用には十分注意した方がよいと考える。

❓ 文章の問題点

> いろいろな立場が含まれ、それゆえに論考が浅くなっている

　まず、「子どもが携帯電話を持つことについて、さまざまなことが言われている。」という、主張や立場を示さない書き出しで始まる。

　次に、「携帯電話を持つことのメリット」を3点挙げている。
(1) 父親や母親と連絡を取りやすくなる （2〜3行目）
(2) 携帯電話のインターネットを通じていろいろな情報を検索でき、知識の幅も広がる （3〜4行目）
(3) 携帯電話のSNSを使い、新たな友達ができたりする （4〜5行目）

　さらに、「携帯電話を持つことのデメリット」についても5点述べている。
(1) 電波が体に悪い （5〜6行目）
(2) 画面を見続けることで視力が下がる （6行目）
(3) 見知らぬ人と連絡を取り、トラブルに巻き込まれたり （6〜7行目）
(4) 犯罪に加担してしまったりする （7〜8行目）
(5) SNSを通じたいじめ （8行目）

　「携帯電話を持つことのメリット」と「デメリット」を両方述べているため、書き手の立場が曖昧になっている。恐らく書き手は、自分の思いついた内容をそのまま書き、読み手にどのような立場から何を伝えたいのかを自覚していないのだろう。
　論じる前に、どのような立場があるのかを広く知り、自分はどの立場に賛成するかを決める必要がある。そのためには、多様な立場からの議論を読み、自分がどの立場から何を伝えたいのか明確にする必要がある。

❗ 文献を読んで立場を決めよう

1 関連文献を読み、研究テーマに関する幅広い知識を得る

　多くの文献を読むことで、どのような立場や視点から論じられるかを知ることができる。分野にもよるが、さまざまな種類の文献（学術論文、本、一般記事など）にあたることも知識を広げる助けとなる。

　授業課題で文献を探す場合は、授業担当の先生や研究分野に詳しい先生が書いた文献を読むと、参考文献を知ることができる。研究分野に関する知識が少ない場合は、最初に読んだ文献に掲載されている参考文献にあたってみよう。次々に参考文献が見つかることがある。

2 それぞれの立場における論点を知る

　Aという立場の文献をたくさん読む。Bという立場の文献をたくさん読む。中間の立場に立った文献をたくさん読む。それぞれの立場における論点を頭に入れると、テーマの本質的な問題が見えてくる。

3 どの立場に賛成するか考え、立場を決める

　さまざまな立場を知り、それぞれの論点も知った上で、自分の立場を決めよう。書くときには立場を明確に示して、読み手を説得しよう。

チェック・ポイント

- ☐ たくさんの文献を読み、どの立場から論じるかを決めた。
- ☐ 決めた立場を支える文献をたくさん読み、論点を挙げた。

文献を読んで立場を決めると…

子どもが携帯電話を持つことについて
―健康への悪影響とインターネットトラブル―

　子どもが携帯電話を持つことについて、さまざまなことが言われている。本稿では、子どもが携帯電話を持つ危険性について論じる。

　まず、健康に悪い影響を及ぼす。携帯電話の電波が体に悪い。特に発育中の小学生にとって、携帯電話の着信時に発信された電波は、脳を刺激する恐れがあると言われている。また、携帯電話の画面を見続けることで視力が下がると懸念される。

　次に、携帯電話のインターネットを通じて、トラブルに巻き込まれることも考えられる。携帯電話のインターネット機能をめぐって起きている危険について、尾花（2008）は「記録が起こす危険」（p. 221）、「閲覧における危険」（p. 223）、「発信における危険」（p. 225）という3つの危険性を挙げている。この危険性については、大人がSNSを使い慣れていないという事情もあって、問題に気づきにくい。

　携帯電話を持つことは便利であるが危険な側面もある。携帯電話の利用には十分注意した方がよいと考える。

参考文献
尾花紀子（2008）「携帯電話・インターネットの使い方」小宮信夫編著『子育て支援シリーズ4　安全・安心の環境づくり―地域で守る・自分で守る―』ぎょうせい、pp. 217-237

2 問いを点検する

課題：子どもが携帯電話を持つことについて論ぜよ。

子どもが携帯電話を持つことについて

　子どもが携帯電話を持つことについて、さまざまなことが言われている。なぜ子どもが携帯電話を持つことは良いのか。父親や母親と連絡を取りやすくなる。携帯電話のインターネットを通じていろいろな情報を検索でき、知識の幅も広がるだろう。また、携帯電話のSNSを使い、新たな友達ができたりする。一方で、電波が体に悪い、画面を見続けることで視力が下がると懸念されたり、見知らぬ人と連絡を取り、トラブルに巻き込まれたり、犯罪に加担してしまったりする可能性も考えられる。さらには、SNSを通じたいじめも深刻な問題になっている。いじめについては大人がSNSを使い慣れていないという事情もあって、問題に気づきにくい。
　携帯電話を持つことは便利であるが危険な側面もある。携帯電話の利用には十分注意した方がよいと考える。

❓ 文章の問題点

青字部の問いは、研究の問いとして不適切である。

前提のある、二重の問いになっている

「なぜ子どもが携帯電話を持つことは良いのか。」という問いは、そもそも子どもが携帯電話を持つことが良いことを前提にしている。まず、「良いのか」を調べて、その答えが出てから「なぜ良いのか」を問わなければ、適切な問いとはいえない。

問いに曖昧な用語が含まれている

本文章では、次の3つの語句が曖昧なまま用いられ、問いが設定されている。用語が指し示す対象の範囲（➡第3章―1 キーワードを点検する）を特定して、明確な問いにする必要がある

(1) 「子ども」を特定する必要がある

「子ども」という場合、18歳未満の者を指す場合や小学校に在学する者を指す場合がある。
　➡本稿では「子ども」を「小学生」に限定して論じる。

(2) 「携帯電話」を特定する必要がある

携帯電話には、家族と連絡を取るために子どもに持たせる簡単な機能のものや、さまざまな機能をもつスマートフォンなど、多様な種類がある。
　➡本稿ではスマートフォンに限定して論じる。

(3) 「こと」を特定する必要がある

「こと」という言葉は、どのような言葉にも置き換えられるので、何を指し示すのかを特定して論じるとよい。
　➡本稿では、メリットとデメリットに限定して論じる。

❗ 問いを点検して書き直そう

1 研究論文の場合、研究に相応しい問いが立てられているか

研究にふさわしい問いの条件を佐渡島・吉野（2008, p. 133）は次のように整理している。

(1) 特定されている。曖昧な概念が含まれていたり視点や内容が特定されていないままになったりしていない。
(2) 一重の問いである。確認されていない前提を含まない。
(3) 検証可能である。測定できない事柄を調べようとしていない。資料が残っており、与えられた時間内に確認できる。
(4) 擬似相関を問うていない。二つの要因の関係性を問題にする場合は相互に相関関係があることが確認されている。あるいは因果関係が成立していることが確認されている。

2 レポートの場合、課題に答えているか

レポートによっては、問いがあらかじめ与えられる場合がある。課題に答えるように問いを立てよう。

問いの種類には、例えば原因や理由を問うもの（例「どのような理由から出生前診断が実施されるのか」）や実態を問うもの（例「出生前診断は妊婦と胎児の両者にとって安全か」）、是非や必要性を問うもの（例「出生前診断は実施するべきか」）などがある。

チェック・ポイント

☐ 問いに曖昧な用語が含まれていない。
☐ 一重の問いである。
☐ 問いは検証可能である。
☐ 擬似相関が問われていない。
☐ 問いは課題に沿っている。

参考文献
佐渡島紗織・吉野亜矢子（2008）『これから研究を書くひとのためのガイドブック―ライティングの挑戦15週間』ひつじ書房

問いを書き直すと…

子どもが携帯電話を持つメリットとデメリット

　小学生が携帯電話を持つメリットとデメリットは何か。本稿では、メリットとデメリットを挙げ、小学生が携帯電話を持つことの是非を問う。なお、本稿では携帯電話をスマートフォンに限定して論じる。

　小学生が携帯電話を持つメリットは、便利であり新たな可能性が広がる点である。例えば、父親や母親と連絡を取りやすくなる。携帯電話のインターネットを通じていろいろな情報を検索でき、知識の幅も広がるだろう。また、携帯電話のSNSを使い、新たな友達ができたりする。

　小学生が携帯電話を持つデメリットは、つねに危険に曝されるという点である。例えば、電波が体に悪い、画面を見続けることで視力が下がると懸念されたり、見知らぬ人と連絡を取り、トラブルに巻き込まれたり、犯罪に加担してしまったりする可能性も考えられる。さらには、SNSを通じたいじめも深刻な問題になっている。いじめについては大人がSNSを使い慣れていないという事情もあって、問題に気づきにくい。

　携帯電話を持つことにはメリットとデメリットがある。小学生が危険性に対して自分自身で対応できるとは限らない。それゆえ小学生は、安易に携帯電話を持つべきではない。

修正方法その3 先行研究をふまえる

課題：子どもが携帯電話を持つことについて論ぜよ。

子どもが携帯電話を持つことについて

　子どもが携帯電話を持つことについて、さまざまなことが言われている。なぜ子どもが携帯電話を持つことは良いのか。父親や母親と連絡を取りやすくなる。携帯電話のインターネットを通じていろいろな情報を検索でき、知識の幅も広がるだろう。また、携帯電話のSNSを使い、新たな友達ができたりする。一方で、電波が体に悪い、画面を見続けることで視力が下がると懸念されたり、見知らぬ人と連絡を取り、トラブルに巻き込まれたり、犯罪に加担してしまったりする可能性も考えられる。さらには、SNSを通じたいじめも深刻な問題になっている。いじめについては大人がSNSを使い慣れていないという事情もあって、問題に気づきにくい。

　携帯電話を持つことは便利であるが危険な側面もある。携帯電話の利用には十分注意した方がよいと考える。

❓ 文章の問題点

主張に対する根拠が不十分で説得力に欠ける

<u>電波が体に悪い、画面を見続けることで視力が下がると懸念されたり、見知らぬ人と連絡を取り、トラブルに巻き込まれたり、犯罪に加担してしまったりする可能性も考えられる。さらには、SNSを通じたいじめも深刻な問題になっている。</u>

<u>携帯電話の利用には十分注意した方がよいと考える。</u>

➡ 先行研究を分析することなく、自分の知識のみで学術的文章を書こうとすると、どうしても説得力に欠けた文章となる。例えば、【最初の文章】では、携帯電話を使用することによる悪影響（波線部）や十分注意すべき点（下線部）が書かれている。しかし、どちらの記述も根拠が不十分である。携帯電話が子どもに及ぼす影響や注意の仕方に関する研究は数多く行われているはずであるから、先行研究を提示するとよい。

先行研究における自分の主張の位置づけが不明である

　先行研究を読んでいないため、既に発表されている知見を論じているだけかもしれない。先行研究をしっかり分析・引用することで、剽窃を防ぐことができる。また、先行研究を読めば当該分野における自身の研究の位置づけを把握することができる。自身の研究に関する独自性をより明確にしよう。

❗ 先行研究をふまえよう

　先行研究をふまえる方法として、詳しさに応じて以下の三つが挙げられる。自身の研究との関係、制限字数などを考慮して使い分けよう。

1 単に先行研究が存在することを示す

(例) ～問題を懸念する研究が出されている（内海，2010；尾花，2008）。
　最もシンプルな紹介方法である。（　）の中に、6、7の文献を挙げている論文もある。挙げているすべての文献を適切な言葉で括る必要がある。

2 各先行研究に関する内容を示す

　研究を要約して示す場合とキーワードを引用しながら示す場合がある。必要に応じて使い分けよう。
(要約する例)
　小寺（2011）は、子供から携帯を遠ざけることは間違いであり、規制をするよりむしろ教育をすべきだと主張する。[引用部分略] (p. 12)
(キーワードを引用する例)
　尾花（2008）は、携帯電話のインターネット機能に関して「記録が起こす危険」(p. 221)、「閲覧における危険」(p. 223)、「発信における危険」(p. 225) という3つの危険性を挙げている。

3 先行研究の特定箇所について、分析・解釈する

　先行研究を最も詳しく説明する場合、先行研究の一部分をブロック引用して分析・解釈を行う。ブロック引用を行うと、先行研究をより詳しく、かつ正確に読み手に紹介できる（➡第8章―2 ブロック引用をする）。

チェック・ポイント

- □ 必要に応じて、同じテーマの先行研究が（　）内に挙げられている。
- □ 先行研究の内容が要約され、出典とともに提示されている。
- □ 先行研究の特定部分を引用して分析・解釈されている。

先行研究をふまえて書き直すと…

子どもが携帯電話を持つことについて

　子どもが携帯電話を持つことについて、さまざまなことが言われている。子どもが携帯電話を持つことにより起きる問題を懸念する研究が出されている（内海，2010；尾花，2008）。

　尾花（2008）は、携帯電話のインターネット機能に関して「記録が起こす危険」（p. 221）、「閲覧における危険」（p. 223）、「発信における危険」（p. 225）という3つの危険性を挙げている。しかし、平成26年度の文部科学省・国立教育政策研究所（2014）の調査によると、小学生の54％が携帯電話を所持している。携帯電話の規制は既に不可能である。

　では、どうすれば子どもが携帯電話を適切に使えるようになるだろうか。小寺（2011）は、子供から携帯を遠ざけることは間違いであり、規制をするよりむしろ教育をすべきだと主張する。「段階を踏んで徐々に接し方の教育をする必要がある」（p. 12）という。

　家族・学校が協力して子どもに対して携帯電話に関する教育を行うことで、携帯電話の適切な使用につながると言える。小寺（2011）が言う「接し方の教育」（p. 12）について考える必要があるだろう。

参考文献

内海しょか（2010）「中学生のネットいじめ，いじめられ体験―親の統制に対する子どもの認知，および関係性攻撃との関連―」『教育心理学研究』1、pp. 12-22

尾花紀子（2008）「携帯電話・インターネットの使い方」小宮信夫編著『子育て支援シリーズ4　安全・安心の環境づくり―地域で守る・自分で守る―』ぎょうせい、pp. 217-237

小寺信良（2011）『子供がケータイを持ってはいけないか？』ポット出版

文部科学省・国立教育政策研究所（2014）「平成26年度全国学力・学習状況調査　報告書　質問紙調査」https://www.nier.go.jp/14chousakekkahoukoku/report/data/qn.pdf

COLUMN

レポート課題にこたえよう

　課題にこたえていないレポートは、出題者の意図に沿っていないために低い評価を下されてしまう。自分では課題に沿って書いたつもりかもしれないが、点検してから提出しよう。

　「日本における若年投票率向上策を論ぜよ」というレポート課題を考えてみよう。「若年投票率が他の年代に比べて低い理由」を論じるレポートを書いたとしたらどうか。課題に関連してはいるが、「〜低い理由」を示すだけでは課題に対する答え（向上策）を提供できない。つまり、このレポートは課題にこたえていない。

　課題と合わせて、細かな指示が出されることもある。例えば、字数、フォーマット、使用する文献の数や範囲などである。これらの点も、指示に沿っている必要がある。文章を提出するまで、課題や指示をいつも見られるようにしておくとよい。例えば、付箋に書いたり、本文の上にメモしたりしておくとよい。課題や指示を常に確認しながらレポートを作成しよう。

第 3 章

独りよがりになっている
感じがする

読み手を飽きさせないように
いろいろな言葉を使ってみたけど、これでよいか…

「これとかそれとかって何を指すの？」と言われた…

わかりやすくしようと思って比喩を入れたけど、
効果的かな…

自分の考えを控えめに表現した。
これでよいのだろうか…

断定する強い言葉で主張を述べてみたが、
伝わるか心配…

キーワードを点検する

課題：少子高齢化について論ぜよ。

少子高齢化による問題点

　近年、わが国の少子高齢化は破竹の勢いで進んでいる。実際に、周りを見渡しても、昔に比べて子供はあまり見かけなくなり、一方で、老人を見かけることが多くなったと思う。新聞等ではこの問題が社会保障全体の関連で報道されることが多い。しかしその各論での問題点はあまり報道されていない。そこで本稿では、それによって生じる問題点を、医療・年金・介護に分けて整理する。

　第一に、医療を取り上げる。国民医療費の大部分を占めるのは定年退職したり、体が悪くなったりした年配の人たちへの医療費である。高齢者も医療保険の保険料納付や自己負担を通じて医療費を負担しているものの、実際の費用に見合った負担はしていない。その大部分は働く若者世代が拠出金として負担しており、社会制度的に不健全である。若く元気な人たちが星の数ほどいれば支えきれるが、少子高齢化の進展を踏まえると彼らの負担は避けられない。

　第二に、年金を取り上げる。現在の公的年金制度は賦課方式を採用しており、現役世代が高齢の人たちを支える形になっている。少子高齢化の進展により、一人当たりの現役世代が支える高齢者の数は増加傾向にある。そのため、前者に対する負担が過重になることで、制度に加入しないことや保険料を納付しないことが問題となっている。

　第三に、介護を取り上げる。要介護者の中心は高齢者であり、主な介護従事者は現役で働く若者である。少子高齢化が進むと介護を担う人材が枯渇する。介護を仕事にする人たちの給与所得が相対的に低いことも、火に油を注いでいる。

　以上、医療・年金・介護に分けて社会保障の問題点を整理した。医療では拠出金の仕組み、年金では賦課方式の仕組みにより労働世代の財政負担が問題になる。介護における労働力の減少も問題になる。

❓ 文章の問題点

> キーワードとなる語句が無自覚に異なる語句で書かれている

　文章は少子高齢化によって引き起こされる社会保障の問題を論じている。したがって、世代を示す語句や介護に関わる人たちを指す語句は大事な語句、つまりキーワードである。しかし、キーワードがさまざまな表現で示されている。複数のキーワードが使用されると、同じ事柄を指しているのか、別の事柄を指しているのか、読み手は判断できない。

(1) 老人 (3行目)
　　定年退職したり、体が悪くなったりした年配の人たち (7〜8行目)
　　高齢者 (9、16、19行目)
　　高齢の人たち (15行目)

(2) 働く若者世代 (11行目)
　　若く元気な人たち (12行目)
　　現役世代 (15、16行目)
　　現役で働く若者 (20行目)
　　労働世代 (24行目)

(3) 介護従事者 (20行目)
　　介護を担う人材 (20〜21行目)
　　介護を仕事にする人たち (21行目)
　　介護における労働力 (25行目)

➡ 意味範囲の重複する語句を、上記のように言い換える理由がわからない。

❗ キーワードを点検しよう

1 語句の意味範囲を自覚してキーワードを整理する

　学術的文章におけるキーワードは、文章全体の中心となる概念で、書き手の主張を支える。そのため、キーワードは文章を通して一貫しているとよい。語句が指し示す事柄やその範囲を自覚して使用することにより、書き手の意図を適切に伝え、読み手を混乱させることを防ぐ。

(1) 表現を変えているだけなら、揃えよう。

　「老人」「年配の人たち」「高齢者」「高齢の人たち」…社会保障制度を論じる上では医療、年金、介護の各分野で年齢が定義されている「高齢者」が最適であろう。したがってすべて「高齢者」で揃える。

(2) 使い分ける必要があるかを考えよう。

　「働く若者世代」「若く元気な人たち」「現役世代」「現役で働く若者」「労働世代」…現役で働く層を若いという基準で分けるのか、元気という状態で見るのか、語句を使い分ける必要性を考えよう。例えば、中高年の人や持病がある人も、現役で働き社会保障制度を支えている。したがって、この文章では社会保障制度を支える人たちを示す「現役世代」が最適であろう。

(3) 指し示す内容の範囲が異なるなら、使い分けよう。

　「介護従事者」「介護を担う人材」「介護を仕事にする人たち」「介護における労働力」…「介護従事者」と「介護を仕事にする人たち」はほぼ同じ意味範囲で、〈職業〉として介護に従事する人を指す。一方、「介護を担う人材」や「介護における労働力」は家族やボランティアも含み、〈労働力〉という意味合いが強い。文章の文脈に応じて、職業として介護に従事している人たちを示す「介護従事者」が最適な箇所と、「介護における労働力」が最適な箇所で、語句を使い分ける。

チェック・ポイント

☐ 同じ事柄を指しているが異なった表現で示されている語句を統一した。

☐ 異なる事柄を指すために異なる表現で示したい場合は、語句を使い分けた。

キーワードを直すと…

少子高齢化による問題点

　近年、わが国の少子高齢化は破竹の勢いで進んでいる。実際に、周りを見渡しても、昔に比べて子供はあまり見かけなくなり、一方で、**高齢者**を見かけることが多くなったと思う。新聞等ではこの問題が社会保障全体の関連で報道されることが多い。しかしその各論での問題点はあまり報道されていない。そこで本稿では、それによって生じる問題点を、医療・年金・介護に分けて整理する。

　第一に、医療を取り上げる。国民医療費の大部分を占めるのは**高齢者**への医療費である。**高齢者**も医療保険の保険料納付や自己負担を通じて医療費を負担しているものの、実際の費用に見合った負担はしていない。その大部分は**現役世代**が拠出金として負担しており、社会制度的に不健全である。**現役世代**が星の数ほどいれば支えきれるが、少子高齢化の進展を踏まえると彼らの負担は避けられない。

　第二に、年金を取り上げる。現在の公的年金制度は賦課方式を採用しており、**現役世代**が**高齢者**を支える形になっている。少子高齢化の進展により、一人当たりの**現役世代**が支える**高齢者**の数は増加傾向にある。そのため、前者に対する負担が過重になることで、制度に加入しないことや保険料を納付しないことが問題となっている。

　第三に、介護を取り上げる。要介護者の中心は**高齢者**であり、主な**介護従事者**は**現役世代**である。少子高齢化が進むと**介護における労働力**が枯渇する。**介護従事者**の給与所得が相対的に低いことも、火に油を注いでいる。

　以上、医療・年金・介護に分けて社会保障の問題点を整理した。医療では拠出金の仕組み、年金では賦課方式の仕組みにより**現役世代**の財政負担が問題になる。**介護における労働力**の減少も問題になる。

具体的な語句で書き表す

課題：少子高齢化について論ぜよ。

少子高齢化による問題点

　近年、わが国の少子高齢化は破竹の勢いで進んでいる。実際に、周りを見渡しても、昔に比べて子供はあまり見かけなくなり、一方で、老人を見かけることが多くなったと思う。新聞等ではこの問題が社会保障全体の関連で報道されることが多い。しかしその各論での問題点はあまり報道されていない。そこで本稿では、それによって生じる問題点を、医療・年金・介護に分けて整理する。

　第一に、医療を取り上げる。国民医療費の大部分を占めるのは定年退職したり、体が悪くなったりした年配の人たちへの医療費である。高齢者も医療保険の保険料納付や自己負担を通じて医療費を負担しているものの、実際の費用に見合った負担はしていない。その大部分は働く若者世代が拠出金として負担しており、社会制度的に不健全である。若く元気な人たちが星の数ほどいれば支えきれるが、少子高齢化の進展を踏まえると彼らの負担は避けられない。

　第二に、年金を取り上げる。現在の公的年金制度は賦課方式を採用しており、現役世代が高齢の人たちを支える形になっている。少子高齢化の進展により、一人当たりの現役世代が支える高齢者の数は増加傾向にある。そのため、前者に対する負担が過重になることで、制度に加入しないことや保険料を納付しないことが問題となっている。

　第三に、介護を取り上げる。要介護者の中心は高齢者であり、主な介護従事者は現役で働く若者である。少子高齢化が進むと介護を担う人材が枯渇する。介護を仕事にする人たちの給与所得が相対的に低いことも、火に油を注いでいる。

　以上、医療・年金・介護に分けて社会保障の問題点を整理した。医療では拠出金の仕組み、年金では賦課方式の仕組みにより労働世代の財政負担が問題になる。介護における労働力の減少も問題になる。

❓ 文章の問題点

曖昧な語句や不要な語句が多い

実際に、周りを見渡しても、昔に比べて子供はあまり見かけなくなり、一方で、老人を見かけることが多くなったと思う。(1〜3行目)

➡ 「周り」はどこを、「昔」はいつを、「あまり見かけな」いはどれほどの頻度を指すのか、「老人」とはいくつの人を指すのか、中身が曖昧である。読み手が考える「周り」「昔」、「あまり見かけな」い頻度、「老人」は、書き手の考えとまったく同じとは限らないため、誤解を招く恐れがある。

そのため、前者に対する負担が過重になることで、制度に加入しないことや保険料を納付しないことが問題となっている。(17〜18行目)

➡ 「前者」とは何であるか。「こと」とはどういう意味であるか。どちらも、何を指しているのかが厳密に特定できない。

指示代名詞が多く、書き手の意図と異なる読み方をされうる可能性がある

(省略) 老人を見かけることが多くなったと思う。新聞等ではこの問題が社会保障全体の関連で報道されることが多い。しかしその各論での問題点はあまり報道されていない。そこで本稿では、それによって生じる問題点を、医療・年金・介護に分けて整理する。

(3〜6行目)

➡ 以下の二通りに読める。
  「この問題」⇒①老人を見かけることが多いという問題、
     ②少子高齢化
  「その各論」⇒①新聞各社の論、②社会保障の各論
  「それ」 ⇒①報道されていないという事態、②少子高齢化

具体的な語句で書き直そう

1 指し示す名詞を具体的な語句に置き換える

　「昔・近年」「前者・後者」「彼・彼女」など、物事を指し示す名詞は、何を指すのかを読み手が推測しなければならない。そのため、書き手の思い通りに伝わらない場合もある。例えば【最初の文章】「そのため、前者に対する負担が過重になることで」の「前者」を「現役世代」に置き換えると、示す内容が明確になる。

2 「こと」「もの」を具体的な語句に置き換える

　「こと」「もの」は何を指すのか、特定するとよい。例えば【最初の文章】「負担が過重になることで、制度に加入しないことや保険料を納付しないことが問題となっている」は「負担が過重になる事態が起こり」「制度に加入しない問題」や「保険料を納付しない問題」を招いている、と明記できる。

3 「○○化」「○○的」「○○観」「○○性」を具体的な語句に置き換える

　「日本的」という語句は、書き手と読み手が同じように意味を汲むとは限らない。書き手が伝えたい意味を自覚し、具体的に書くとよい。例えば【最初の文章】「社会制度的に不健全である」は、「社会制度として不健全である」と置き換えられる。

4 指示代名詞を避ける

　指示代名詞は指す内容が特定しにくいため、具体的に書く必要がある。例えば【最初の文章】「新聞等ではこの問題が社会保障全体の関連で報道されることが多い」の「この問題」は「少子高齢化の問題」に置き換えられる。複数回出てくる場合は、「少子高齢化の問題」と繰り返し記述してよい。

チェック・ポイント

- □ 「近年」「前者」「こと」「もの」「○○的」などを具体的な語で記した。
- □ 意味が特定しにくい指示代名詞を具体的な語句に置き換えた。

 **具体的な語句で書き直すと…**

少子高齢化による問題点

　2015年現在、わが国の少子高齢化は破竹の勢いで進んでいる。実際に、**東京都内**では、**90年代**に比べて子供は見かけなくなり、一方で、**高齢者**を見かけることが多くなったと思う。新聞等では**少子高齢化**の問題が社会保障全体の関連で報道される**機会**が多い。しかし社会保障の各論での問題点は報道されていない。そこで本稿では、**少子高齢化**によって生じる問題点を、医療・年金・介護に分けて整理する。

　第一に、医療を取り上げる。国民医療費の大部分を占めるのは定年退職したり、体が悪くなったりした年配の人たちへの医療費である。高齢者も医療保険の保険料納付や自己負担を通じて医療費を負担しているものの、実際の費用に見合った負担はしていない。**国民医療費の大部分は60歳未満の働く世代が拠出金として負担しており、社会制度として**不健全である。若く元気な人たちが星の数ほどいれば支えきれるが、少子高齢化の進展を踏まえると**60歳未満の働く世代**の負担は避けられない。

　第二に、年金を取り上げる。**2015年現在**の公的年金制度は賦課方式を採用しており、現役世代が高齢の人たちを支える形になっている。少子高齢化の進展により、一人当たりの現役世代が支える高齢者の数は増加傾向にある。そのため、**現役世代**に対する負担が過重になる**事態が起**こり、制度に加入しない**問題**や保険料を納付しない**問題を招いている**。

　第三に、介護を取り上げる。要介護者の中心は高齢者であり、主な介護従事者は現役で働く**20代から30代**である。少子高齢化が進むと介護を担う人材が枯渇する。介護を仕事にする人たちの給与所得が相対的に低い**事実**も、火に油を注いでいる。

　以上、医療・年金・介護に分けて社会保障の問題点を整理した。医療では拠出金の仕組み、年金では賦課方式の仕組みにより労働世代の財政負担が問題になる。介護における労働力の減少も問題になる。

比喩を点検する

課題：少子高齢化について論ぜよ。

少子高齢化による問題点

　近年、わが国の少子高齢化は破竹の勢いで進んでいる。実際に、周りを見渡しても、昔に比べて子供はあまり見かけなくなり、一方で、老人を見かけることが多くなったと思う。新聞等ではこの問題が社会保障全体の関連で報道されることが多い。しかしその各論での問題点はあまり報道されていない。そこで本稿では、それによって生じる問題点を、医療・年金・介護に分けて整理する。

　第一に、医療を取り上げる。国民医療費の大部分を占めるのは定年退職したり、体が悪くなったりした年配の人たちへの医療費である。高齢者も医療保険の保険料納付や自己負担を通じて医療費を負担しているものの、実際の費用に見合った負担はしていない。その大部分は働く若者世代が拠出金として負担しており、社会制度的に不健全である。若く元気な人たちが星の数ほどいれば支えきれるが、少子高齢化の進展を踏まえると彼らの負担は避けられない。

　第二に、年金を取り上げる。現在の公的年金制度は賦課方式を採用しており、現役世代が高齢の人たちを支える形になっている。少子高齢化の進展により、一人当たりの現役世代が支える高齢者の数は増加傾向にある。そのため、前者に対する負担が過重になることで、制度に加入しないことや保険料を納付しないことが問題となっている。

　第三に、介護を取り上げる。要介護者の中心は高齢者であり、主な介護従事者は現役で働く若者である。少子高齢化が進むと介護を担う人材が枯渇する。介護を仕事にする人たちの給与所得が相対的に低いことも、火に油を注いでいる。

　以上、医療・年金・介護に分けて社会保障の問題点を整理した。医療では拠出金の仕組み、年金では賦課方式の仕組みにより労働世代の財政負担が問題になる。介護における労働力の減少も問題になる。

❓ 文章の問題点

本質を捉えていない比喩が用いられている

近年、わが国の少子高齢化は破竹の勢いで進んでいる。(1行目)
給与所得が相対的に低いことも、火に油を注いでいる。(21～22行目)

➡️ 「破竹の勢いで進む」という比喩は、硬い竹も最初の節が割れればあとは一気に割れることから、強い抵抗を打ち破り止めようもないほど激しい勢いで進むという意味を持つ。主に勝負事や軍事行動、経済活動などで用いられる比喩であり、社会の成熟に伴い複合的な要因で引き起こされる少子高齢化現象の本質を捉えていない比喩である。

➡️ 「火に油を注ぐ」という比喩は、「火を消そうとして行動するが、注ぐものを間違えているため、かえって炎上する」という意味である。「給与所得が相対的に低い」のは事態を改善しようとして起こす行動ではないので、この比喩も本質を捉えていない。

文脈に合わない比喩が用いられている

若く元気な人たちが星の数ほどいれば支えきれるが、(12行目)
少子高齢化が進むと介護を担う人材が枯渇する。(20～21行目)

➡️ 「星の数ほど」は、無数、数えきれないくらいたくさんという意味で、社会制度を支えるだけの人数という文脈には不適切である。さらに、下から重たいものを支える存在に対して、空に輝く星は本質を捉えた比喩とはいえない。

➡️ 「枯渇する」は、水が枯れて池や湖が干上がる様子から、物事が尽きてなくなる事態を喩える比喩である。ここは介護従事者が不足するという文脈であり、干上がるように介護従事者がまったくいなくなるわけではないので言い過ぎである。比喩はイメージを強調するために用いる側面があるが、やはり文脈に合わない、不正確な比喩は避けた方がよい。

❗ 比喩を点検しよう

　比喩はイメージを端的に読み手に伝え、理解を助ける効果的な表現方法である。しかし、不適切な比喩を用いたためにイメージがずれたり、文脈がぶれたり、議論が不正確になったりする。「課題が多くて死にそう」「鬼のような教授」など、イメージを強調する比喩は日常では効果的であるが、学術的文章では正確な表現が求められる。学術的文章で比喩を使う場合は本質を捉えた的確な比喩の使用を心がけよう。また、イメージに頼らず具体的で正確な議論を尽くすよう努力しよう。

❶ 本質を捉えていない比喩を的確な比喩や具体的な記述に置き換える

　少子高齢化を「破竹の勢い」に喩える用法は、少子高齢化という現象の本質を捉えていない。複合的な要因によって成熟した社会にさまざまな不安や問題が迫ってくる様子を何かに喩えるのであれば、「暗雲が立ち込める」現象などに喩えたほうが本質を捉えた比喩になる。

　「火に油を注ぐ」という比喩は「介護従事者が不足する事態をさらに悪化させる」などと具体的に書くべきである。そうすれば、この段落全体が介護従事者不足という問題について論じていることがより明確になる。

❷ 文脈に合わない比喩を具体的で正確な記述に置き換える

　「星の数」は、人数よりも一人ずつの負担の大きさが問題になっていることを念頭に「若く元気な人たち」が「より多ければ一人当たりの拠出金は相対的に少なくてすむ」などと、より具体的な記述に書き直す。

　「人材が枯渇する」という比喩は、「介護従事者がさらに不足する／減少する」など具体的に起こる現象を述べて、正確に記述する。

チェック・ポイント

- ☐ 本質を捉えていない比喩は、本質を捉えた比喩に直した。
- ☐ 本質を捉えていない比喩は、正確で具体的な記述に換えた。
- ☐ 文脈に合わない比喩を正確で具体的な記述に換えた。

比喩を直すと…

少子高齢化による問題点

　近年、少子高齢化によって、**日本社会には暗雲が立ち込めている**。実際に、周りを見渡しても、昔に比べて子供はあまり見かけなくなり、一方で、老人を見かけることが多くなったと思う。新聞等ではこの問題が社会保障全体の関連で報道されることが多い。しかしその各論での問題点はあまり報道されていない。そこで本稿では、それによって生じる問題点を、医療・年金・介護に分けて整理する。

　第一に、医療を取り上げる。国民医療費の大部分を占めるのは定年退職したり、体が悪くなったりした年配の人たちへの医療費である。高齢者も医療保険の保険料納付や自己負担を通じて医療費を負担しているものの、実際の費用に見合った負担はしていない。その大部分は働く若者世代が拠出金として負担しており、社会制度的に不健全である。若く元気な人たちが**より多ければ一人当たりの拠出金は相対的に少なくてすむが**、少子高齢化の進展を踏まえると彼らの負担は避けられない。

　第二に、年金を取り上げる。現在の公的年金制度は賦課方式を採用しており、現役世代が高齢の人たちを支える形になっている。少子高齢化の進展により、一人当たりの現役世代が支える高齢者の数は増加傾向にある。そのため、前者に対する負担が過重になることで、制度に加入しないことや保険料を納付しないことが問題となっている。

　第三に、介護を取り上げる。要介護者の中心は高齢者であり、主な介護従事者は現役で働く若者である。少子高齢化が進むと介護を担う人材が**不足する事態になる**。介護を仕事にする人たちの給与所得が相対的に低いことも、**さらに介護従事者不足を悪化させている**。

　以上、医療・年金・介護に分けて社会保障の問題点を整理した。医療では拠出金の仕組み、年金では賦課方式の仕組みにより労働世代の財政負担が問題になる。介護における労働力の減少も問題になる。

修正方法その4 文献を用いて証明する

課題：少子高齢化について論ぜよ。

少子高齢化による問題点

　近年、わが国の少子高齢化は破竹の勢いで進んでいる。実際に、周りを見渡しても、昔に比べて子供はあまり見かけなくなり、一方で、老人を見かけることが多くなったと思う。新聞等ではこの問題が社会保障全体の関連で報道されることが多い。しかしその各論での問題点はあまり報道されていない。そこで本稿では、それによって生じる問題点を、医療・年金・介護に分けて整理する。

　第一に、医療を取り上げる。国民医療費の大部分を占めるのは定年退職したり、体が悪くなったりした年配の人たちへの医療費である。高齢者も医療保険の保険料納付や自己負担を通じて医療費を負担しているものの、実際の費用に見合った負担はしていない。その大部分は働く若者世代が拠出金として負担しており、社会制度的に不健全である。若く元気な人たちが星の数ほどいれば支えきれるが、少子高齢化の進展を踏まえると彼らの負担は避けられない。

　第二に、年金を取り上げる。現在の公的年金制度は賦課方式を採用しており、現役世代が高齢の人たちを支える形になっている。少子高齢化の進展により、一人当たりの現役世代が支える高齢者の数は増加傾向にある。そのため、前者に対する負担が過重になることで、制度に加入しないことや保険料を納付しないことが問題となっている。

　第三に、介護を取り上げる。要介護者の中心は高齢者であり、主な介護従事者は現役で働く若者である。少子高齢化が進むと介護を担う人材が枯渇する。介護を仕事にする人たちの給与所得が相対的に低いことも、火に油を注いでいる。

　以上、医療・年金・介護に分けて社会保障の問題点を整理した。医療では拠出金の仕組み、年金では賦課方式の仕組みにより労働世代の財政負担が問題になる。介護における労働力の減少も問題になる。

❓ 文章の問題点

内容が個人的な意見になっている

実際に、周りを見渡しても、昔に比べて子供はあまり見かけなくなり、一方で、老人を見かけることが多くなったと思う。

➡ 書き手自身の個人的な経験に基づいて「～と思う」と推測を述べており、根拠が示されていない。したがって、少子高齢化という現象が進行している説明として弱い。

国民医療費の大部分を占めるのは（中略）年配の人たちへの医療費である。

➡ 「大部分」という曖昧な表現で年配の人たち（高齢者）の医療費の額を示している。「大部分」という語句は曖昧であり、書き手と読み手の認識がずれてしまう可能性を排除できない。

　上記2点については公的な統計データが存在するので、統計資料を参照し具体的な数値を記述するとよい。

明らかになっている点について、先行研究（文献）への言及がない

少子高齢化の進展により、一人当たりの現役世代が支える高齢者の数は増加傾向にある。そのため、前者に対する負担が過重になることで、制度に加入しないことや保険料を納付しないことが問題となっている。

➡ 上記の文章は、これまでの先行研究の結果明らかにされてきた公的年金制度上の問題点である。しかし、先行研究に対する言及がない。少子高齢化によって公的年金制度上で生じる問題に言及した先行研究（文献）は多数ある。先行研究への言及なく論を述べると、さまざまな立場や意見が示されていないので独断で論じた文章のように読める。

❶ 文献を用いて証明しよう

1 文献を用いて根拠を示す

「〜だと思う」「〜だろう」などの根拠のない〈独りよがり〉な記述では一般通用性に欠け、学術的文章に求められる「反証可能性」に耐えられない。推測表現に留まらないように先行研究や統計データを用いて根拠を示すべきである。

また、文献を読み込むことにより、自分の論と他者の論を比較検討することができる。その結果、自分の論に対する考えを深めることにもつながる（➡第2章―1 文献を読んで立場を決める）。

2 統計データや先行研究を用いた記述

(1) 統計データを利用し、実数を示す。

統計データを利用することで、具体的な数値を示せる。具体的な数値を示せば、「近年」や「大部分」といった曖昧な表現を避けることができる。大型調査結果、統計データで証明するとよい。例：白書、統計年鑑など。

(2) 先行研究を挙げて証明する。

先行研究を概観すれば、自分の研究やレポートのテーマを研究全体の流れの中で位置づけることができる。また、複数の文献から対立する文献を示せば、意見が割れていることを示せる。先行研究を挙げることで、自分の研究テーマや論点をより多面的に論じられる。

文献の引用方法にはさまざまな方法（著者年方式や脚注方式等）がある（➡第8章 引用が適切にできているか不安）。また、図表や画像についても示し方には一定の約束事があるので注意しよう（➡第9章 図表の扱いに自信がない）。

チェック・ポイント

- □「〜と思う」「〜だろう」と推測で論じている箇所はない。
- □ 必要に応じて、先行研究や統計データを用いて根拠を示した。

文献を用いて証明すると…

少子高齢化による問題点

近年、少子高齢化は破竹の勢いで進んでいる。**厚生労働省（2014）『平成25年（2013）人口動態統計（確定数）の概況』によれば出生率（人口千対）は1991年に10を下回り、2013年には8.2まで落ち込んでいる。また総務省統計局（2014）の「1. 高齢者の人口（人口推計）」によれば高齢者（65歳以上の者）の総人口に占める割合は2000年17.4％、2014年には25.9％と上昇傾向である。**新聞等ではこの問題が社会保障全体の関連で〜（以降、最初の文章と同じ。）

第一に、医療を取り上げる。**厚生労働省（2014）『平成24年度 国民医療費の概況』の「5 年齢階級別国民医療費」によれば高齢者の医療費は全体の56.3％に上る（p. 6）。**高齢者も医療保険の保険料納付や自己負担を通じて〜（以降、最初の文章と同じ。）

第二に、年金を取り上げる。現在の公的年金制度は賦課方式を採用しており、現役世代が高齢の人たちを支える形になっている。少子高齢化の進展により、一人当たりの現役世代が支える高齢者の数は増加傾向にある。**牛丸（1996）が賦課方式のデメリットについて「高齢者の割合が増えていく状況下では、後代世代に求める負担額は増加していく」（p. 62）と述べたように、**前者に対する負担が過重になること、制度に加入しないことや保険料を納付しないことが問題となっている。（第4段落以降、最初の文章と同じ。）

参考文献

牛丸聡（1996）『公的年金の財政方式』東洋経済新報社
厚生労働省（2014）「第2表-2 人口動態総覧（率）の年次推移」『平成25年（2013）人口動態統計（確定数）の概況』http://www.mhlw.go.jp/toukei/saikin/hw/jinkou/kakutei13/index.html
厚生労働省（2014）「結果の概要」『平成24年度 国民医療費の概況』http://www.mhlw.go.jp/toukei/saikin/hw/k-iryohi/12/index.html
総務省統計局（2014）『統計トピックス No.84 統計からみた我が国の高齢者（65歳以上）—「敬老の日」にちなんで—』http://www.stat.go.jp/data/topics/topi840.htm

COLUMN

他者の目を通そう

　他者の書いた文章を検討するときは嬉々として問題点を挙げるが、いざ自分の書いた文章となると、問題点を見て見ぬふりをするか、本当に気づかずになかなかよい出来だと思い込んでしまうことがある。この傾向を逆手にとって、文章の改善に役立てよう。

　自分の書いた文章を提出する前に、誰かに読んでもらうのである。文章の提出先に応じて、読んでもらう人を考慮しよう。読んでもらう相手は、必ずしも文章指導の専門家でなくてもよい。先輩や後輩、友人や家族など、身近な人にお願いしてみよう。

　他者の目は厳しい。専門用語の解説が不十分な部分、比喩が適切でない部分、論理が曖昧な部分など、次々と問題点を指摘してくれる。もらった意見を参考に文章を練り直す作業を繰り返せば、どんどんわかりやすい文章に近づくことができる。もちろん、一生懸命書いた文章について、いろいろな批判を受けるのは辛い。しかし、楽器やスポーツと同じように、文章作成にも、苦しい時期を乗り越えてはじめてわかる楽しさがある。文章を磨く楽しさをより深く味わうために、周囲の意見を積極的に取り入れよう。

第 4 章

説得力がいまひとつ足りない

何を言いたいのかわからない、だらだらした文章になった…

主張を書いてみたものの、どうも説得力に欠ける気がする…

この題はイマイチだ…

文を整える

課題：日本社会でグローバル化が進んでいるかを論ぜよ。

日本社会とグローバル化
〜日本社会の現状〜

　2000年代に入り、世界中でグローバル化、すなわち人や物が地球規模で交流したり移動したりする現象が進んでいる。近年、グローバル化という言葉は、日本での注目を集めており、国内の多方面に影響を与えている。当然、日本社会でもグローバル化が進んでいると推測される。そこで、本稿では、日本社会でグローバル化が進んでいるか否かを、人の移動と物の流入という2つの観点に絞って検討する。

　第1に、国外から多くの人が日本社会へ移動している。様々な国から労働者や留学生が日本社会に数多く移動しているが、いまや外国人労働者や外国人留学生は日本社会を構成する一員である。

　第2に、日本社会では、国外から様々な物が流入している。様々な国から多様な物が大量に流入している。特に、食文化の流入は顕著である。外食産業を見ると、西洋料理や中華料理、エスニック料理などの世界各国の料理を提供するレストランが増加している。さらに、グローバル化以前の日本社会では入手困難であった世界各国の料理に不可欠な食材や調理器具は容易に入手できるようになった。つまり、日本に居ながらにして、世界各国の食文化に接することが可能となっているのである。

　以上、人の移動と物の流入という2つの観点から日本社会でグローバル化が進んでいることを説明した。日本社会におけるグローバル化は、様々な国から労働者や留学生などの人の移動、食材や調理器具などの物の流入が増加している。したがって、日本社会でグローバル化は進んでいる。

❓ 文章の問題点

一つの文の中に複数の主体が含まれている

近年、グローバル化という言葉は、日本での注目を集めており、国内の多方面に影響を与えている。

➡ この文では、読み手は、「影響を与えている」主体がどれなのかわからない。「グローバル化という言葉」「グローバル化という現象」「注目が集まっているという現象」、三つが考えられる。

文と文のつながり方が不明確

様々な国から労働者や留学生が日本社会に数多く移動している<u>が</u>、いまや外国人労働者や外国人留学生は日本社会を構成する一員である。

➡ 「が」（下線）は、前置きで使われているのか、それとも論の転換（逆接）を示す接続表現として使われているのかはっきりしない（➡第6章—1 接続表現を点検する）。

文中に組み込まれた修飾部分が長すぎる

さらに、<u>グローバル化以前の日本社会では入手困難であった世界各国の料理に不可欠な</u>食材や調理器具は容易に入手できるようになった。

➡ 「食材や調理器具」を修飾する部分（下線）が長すぎるため、読み手には、何が言いたいかを把握するための負担がかかる。

文がねじれている

日本社会におけるグローバル化は、様々な国から労働者や留学生などの人の移動、食材や調理器具などの物の流入が増加している。

➡ 「グローバル化は」という主語と、「増加している」という述語が合っていない。または「グローバル化は」に対する述語がない。そのため、何を言いたいのかわかりにくい。

❗ 一文一義で書き直そう

1 「一文一義」とは

　一つの文に一つの事柄を書くことである。（一つの文に複数の事柄が含まれる文を「一文多義」という。）ただし、「一義」の範囲は書き手が決める。書き手の思考が整理され、読み手にもわかりやすい文章になる。

2 「一文一義」で書くことの有効性

　一つの事柄ごとに内容が積み上げられていく。そのため、主体（その文章の中で中心的に論じたい対象）が明確になる。また、ねじれた文を書くことを避けることができる。そうすると、読み手にわかりやすいばかりでなく、書き手にとっても、後から修正しやすい文章となる。文章の一部だけを書き直せ、文の順序を入れ替えやすくなる。

3 問題点の解決策

(1) 主体ごとに分け、主語が明示された文にする。
(2) ねじれた文を整える。
　　1) 主語と述語を合わせる。
　　2) 主語に対する述語を補い、文を独立させる。
(3) それぞれの文の役割を考えて、文を独立させる。
　　《背景》と《主張》の二つで文を作る。
　　《過去》と《現在》と《将来》で文を作る。
　　《原因》と《結果》で文を作る。
　　《主張》と《根拠》で文を作る。
　　《空間の区切り》ごとに文を作る。など。

チェック・ポイント

☐ 主体が混在する文を主体ごとに分けた。
☐ 一つの文で一つの事柄を述べた。
☐ 主語と述語を合わせた。

一文一義で書き直すと…

日本社会とグローバル化
〜日本社会の現状〜

　2000年代に入り、世界中でグローバル化、すなわち人や物が地球規模で交流したり移動したりする現象が進んでいる。**近年、日本ではグローバル化という言葉が注目を集めている。グローバル化と呼ばれる現象は、国内の多方面に影響を与えている。**日本社会でもグローバル化が進んでいると推測される。そこで、本稿では、日本社会でグローバル化が進んでいるか否かを、人の移動と物の流入という2つの観点に絞って検討する。

　第1に、国外から多くの人が日本社会へ移動している。**様々な国から労働者や留学生が日本社会に数多く移動している。いまや外国人労働者や外国人留学生は日本社会を構成する一員である。**

　第2に、日本社会では、国外から様々な物が流入している。様々な国から多様な物が大量に流入している。特に、食文化の流入は顕著である。外食産業を見ると、西洋料理や中華料理、エスニック料理などの世界各国の料理を提供するレストランが増加している。**グローバル化以前の日本社会では、世界各国の料理に不可欠な食材や調理器具は入手困難であった。しかし現在では、それらは容易に入手できるようになった。**つまり、日本に居ながらにして、世界各国の食文化に接することが可能となっているのである。

　以上、人の移動と物の流入という2つの観点から日本社会でグローバル化が進んでいることを説明した。**日本社会では、様々な国から労働者や留学生などの人の移動、食材や調理器具などの物の流入が増加している。**したがって、日本社会でグローバル化は進んでいる。

修正方法その2 具体例を点検する

課題：日本社会でグローバル化が進んでいるかを論ぜよ。

日本社会とグローバル化
〜日本社会の現状〜

　2000年代に入り、世界中でグローバル化、すなわち人や物が地球規模で交流したり移動したりする現象が進んでいる。近年、グローバル化という言葉は、日本での注目を集めており、国内の多方面に影響を与えている。当然、日本社会でもグローバル化が進んでいると推測される。そこで、本稿では、日本社会でグローバル化が進んでいるか否かを、人の移動と物の流入という2つの観点に絞って検討する。

　第1に、国外から多くの人が日本社会へ移動している。様々な国から労働者や留学生が日本社会に数多く移動しているが、いまや外国人労働者や外国人留学生は日本社会を構成する一員である。

　第2に、日本社会では、国外から様々な物が流入している。様々な国から多様な物が大量に流入している。特に、食文化の流入は顕著である。外食産業を見ると、西洋料理や中華料理、エスニック料理などの世界各国の料理を提供するレストランが増加している。さらに、グローバル化以前の日本社会では入手困難であった世界各国の料理に不可欠な食材や調理器具は容易に入手できるようになった。つまり、日本に居ながらにして、世界各国の食文化に接することが可能となっているのである。

　以上、人の移動と物の流入という2つの観点から日本社会でグローバル化が進んでいることを説明した。日本社会におけるグローバル化は、様々な国から労働者や留学生などの人の移動、食材や調理器具などの物の流入が増加している。したがって、日本社会でグローバル化は進んでいる。

❓ 文章の問題点

具体例が明確ではない

様々な国から労働者や留学生が日本社会に数多く移動しているが、いまや外国人労働者や外国人留学生は日本社会を構成する一員である。

➡ 第2段落では、人の移動という観点からグローバル化の進展について検討している。「外国人労働者」や「外国人留学生」が具体例である。しかし、「外国人労働者」も「外国人留学生」も、単にその存在に言及しているだけである。読み手は、外国人労働者や外国人留学生がどのくらい、どのように移動しているのか、また、日本社会を構成する一員となっているのかを判断できない。言及だけでは説得力に欠けてしまう。

具体例が適切ではない

様々な国から多様な物が大量に流入している。特に、食文化の流入は顕著である。外食産業を見ると、西洋料理や中華料理、エスニック料理などの世界各国の料理を提供するレストランが増加している。さらに、グローバル化以前の日本社会では入手困難であった世界各国の料理に不可欠な食材や調理器具は容易に入手できるようになった。つまり、日本に居ながらにして、世界各国の食文化に接することが可能となっているのである。

➡ 第3段落では、物の流入という観点を検討している。食文化を例にとって物の流入を説明している。しかし、食文化という例は適切とはいえない。なぜなら、食文化は物ではないからである。物とは実体のある対象を意味する。食文化のように、実体のない現象は物とはいえない。主張と合わない具体例は、説得力に欠けてしまう。

❗ 具体例を点検しよう

1 なぜ具体例を挙げるのか

具体例のない抽象論は、説得力のない文章になりがちである。なぜなら、現実の事例を分析しないまま、思いつきだけで書けてしまうからである。このような抽象論だけでは、読み手は説得されない。読み手への説得力を増す文章にするためには、読み手がイメージできるような具体的な例を挙げるとよい。

2 説得力を増す具体例とは何か

次の2点に注意すると、文章の説得力が増す。

(1) 具体例の明確さ

具体例を明確に挙げて主張を支える。その際、実証性の有無を意識する。社会的な通念や常識、信頼できる人の意見、観測されたデータ（実数、実例）などは実証性のある具体例といえる。これらは、文献から引用して示すとよい（➡第3章―4 文献を用いて証明する）。

(2) 具体例の適切さ

主張と関係のある適切な具体例を挙げる。例えば、「日本社会でグローバル化が進行している」という主張を支える具体例を挙げるならば、アメリカ社会ではなく、日本社会での例を挙げる。適切な具体例によって、「身近に聞いたことがある」、「私も体験した」と、読み手が状況を思い浮かべることができれば、説得力に繋がる。

チェック・ポイント

☐ 具体例を挙げて説明した。
☐ 主張と合う具体例を挙げた。

具体例を直すと…

日本社会とグローバル化
～日本社会の現状～

（書き出し、略）本稿では、日本社会でグローバル化が進んでいるか否かを、人の移動と物の流入という2つの観点に絞って検討する。

　第1に、国外から多くの人が日本社会へ移動している。様々な国から労働者や留学生が日本社会に数多く移動しているが、いまや外国人労働者や外国人留学生は日本社会を構成する一員である。**厚生労働省（2014）の調査によると、外国人労働者は年々増加しており、2014年時点で約79万人の外国人労働者が日本で就労している**。また、同様に、**日本学生支援機構（2015）の調査によると、外国人留学生も年々増加しており、2014年時点で約18万人の外国人留学生が日本で教育を受けている**。

　第2に、日本社会では、国外から様々な物が流入している。様々な国から多様な物が大量に流入している。**例えば、世界各国の食材や調理器具が日本社会に流入している。食材についていえば、イタリア料理で扱うパスタやインド料理で扱うスパイスは以前の日本社会では数種類しか流通していなかった。しかし、現在の日本社会では数十、数百種類ものパスタやスパイスが流通している。また、調理器具についていえば、外国料理特有の用途に応じた鍋を見かけるようになった。スペイン料理専用のパエリア鍋や北アフリカ料理専用のタジン鍋等は、以前の日本社会にはなかった調理器具である。**
（以降、第4段落は最初の文章と同じ。）

参考文献

厚生労働省（2014）「『外国人雇用状況』の届出状況まとめ（平成26年10月末現在）」
　　http://www.mhlw.go.jp/stf/houdou/0000072426.html
日本学生支援機構（2015）「平成26年度外国人留学生在籍状況調査結果」
　　https://www.studyinjapan.go.jp/ja/statistics/zaiseki/data/2014.html

題を点検する

課題：日本社会でグローバル化が進んでいるかを論ぜよ。

日本社会とグローバル化
〜日本社会の現状〜

　2000年代に入り、世界中でグローバル化、すなわち人や物が地球規模で交流したり移動したりする現象が進んでいる。近年、グローバル化という言葉は、日本での注目を集めており、国内の多方面に影響を与えている。当然、日本社会でもグローバル化が進んでいると推測される。そこで、本稿では、日本社会でグローバル化が進んでいるか否かを、人の移動と物の流入という2つの観点に絞って検討する。

　第1に、国外から多くの人が日本社会へ移動している。様々な国から労働者や留学生が日本社会に数多く移動しているが、いまや外国人労働者や外国人留学生は日本社会を構成する一員である。

　第2に、日本社会では、国外から様々な物が流入している。様々な国から多様な物が大量に流入している。特に、食文化の流入は顕著である。外食産業を見ると、西洋料理や中華料理、エスニック料理などの世界各国の料理を提供するレストランが増加している。さらに、グローバル化以前の日本社会では入手困難であった世界各国の料理に不可欠な食材や調理器具は容易に入手できるようになった。つまり、日本に居ながらにして、世界各国の食文化に接することが可能となっているのである。

　以上、人の移動と物の流入という2つの観点から日本社会でグローバル化が進んでいることを説明した。日本社会におけるグローバル化は、様々な国から労働者や留学生などの人の移動、食材や調理器具などの物の流入が増加している。したがって、日本社会でグローバル化は進んでいる。

❓ 文章の問題点

> 題を読んでも、どのような文章なのかがわかりにくい

日本社会とグローバル化

➡ 「日本社会」「グローバル化」といった抽象的な語句だけをつなげた題は、文章の内容やその範囲、観点などがわからない。上記の題では、「人の移動と物の流入」という観点や、「日本社会でグローバル化は進んでいる」という結論は伝わらない。

➡ また、「〇〇と△△」という二つの概念を「と」で結んだだけの題は、複数の解釈ができてしまう。ある読み手は「日本社会におけるグローバル化の問題を明らかにする」と解釈する一方、別の読み手は「日本社会とグローバル化の関係を論じる」と解釈するかもしれない。

例：人と物の流入の増加が示す日本社会におけるグローバル化

➡ 上記の例のような語句を詰め込んだ題は、ごちゃごちゃしてしまう。書き手としては、どの語句も重要で外せないのかもしれないが、読み手にはわかりにくい。

> 副題のつけ方が適切ではない

〜日本社会の現状〜

➡ 副題の「日本社会」は主題でも使われている語句なので、冗長な印象を読み手に与えてしまう。

➡ 副題の前後についている記号「〜」は、レポートや学術的文章の慣習にしたがった記号ではない。

❗ 題を点検しよう

1 題の役割

題には、文章の内容を端的に表すという役割がある。したがって、題は、わかりやすく、内容と一致したものでなくてはならない。また、題には、他者が書いた文章との違いを示すという役割もある。そこで、副題をつけると、他者が書いた文章との違いが明確になる。文章の内容を整理して表すことにもなる。

2 題をつけるときの注意点

(1) 題にキーワードを含める。

文章には、最も言いたいことを述べた中心文がある。中心文のキーワードを題に含めれば、内容を端的に表せる（➡第3章―1 キーワードを点検する）。

(2) 主題と副題がそれぞれ示している内容がすみ分けられている。

主題と副題で内容を補い合う。語句の重複を避ける。

日本社会でグローバル化が　　　日本社会でグローバル化が
進んでいるか　　　　　　　→　進んでいるか
―日本社会への人の移動と　　　―人の移動と物の流入―
　物の流入―

(3) 副題には「―」をつける。

副題の前または前後には、波線「〜」などではなく全角ダッシュ「―」をつけるのが一般的。ただし、英文では主題と副題をコロン「：」でつなぐ（➡第10章―2 英文の題をつける）。

(4) 題を修正できる期限を確認する。

計画の時点（本文を書く前）よりも、すべてが明らかとなった終了の時点（本文を書いた後）の方が適切な題をつけやすい。題を修正できる期限を確認しておけば万全である。

チェック・ポイント

☐ 題が文章の中身を正確に表している。
☐ 主題と副題が補い合って中身を表している。
☐ 主題と副題に重複した語句がない。

題を直すと…

　主題と副題が補い合う題をつけて、読み手にアピールしよう。下記の例以外にもさまざまなつけ方が考えられる。

（1）問いと観点

　　　　　　日本社会でグローバル化が進んでいるか
　　　　　　　　―人と物という観点から―

（2）問いと答え

　　　　　　日本社会でグローバル化が進んでいるか
　　　　　　　　―人と物の大幅な増加―

（3）問いと具体的な答え

　　　　　　はたして日本社会はグローバル化しているのか
　　　　　　―労働者・留学生の増加、食材・器具の普及―

（4）テーマと探求方法

　　　　　　日本社会におけるグローバル化の進行
　　　　　　　―人の移動規模と物の流入数を調査する―

（5）テーマと、資料・具体的な範囲

　　　　　　日本社会におけるグローバル化の進行
　　　　　　―政府統計資料から見る 2000 年以降の動向―

（6）キャッチーな表現と学術的な表現

　　　　　　　18 万人の留学生やタジン鍋
　　　　　　―日本社会ではグローバル化が進んでいるか―

COLUMN

字数を守ろう

　論述テストなら、全員が決められた条件の中で書く。投稿論文なら、ジャーナルの中でページの割り振りがある。学術的文章では、決められた字数の中で内容を調節することが求められる。

　レポートや論文を書き上げた際に字数が多すぎたり少なすぎたりするときは、内容を整えよう。

1. 字数が足りない

　字数が少し足りない　　文章を読み返そう。説明不足のところはないか。論理は飛躍していないか。読み手の立場になって文章を読み返してみると、思わぬ穴が見つかることも多い。

　字数が大幅に足りない　　テーマについてもっとよく知り、自分の思考を深めよう。テーマに関連する文献を読む、ブレーン・ストーミングを実践する、友人とテーマについて話し合ってみる等の方法はおすすめだ。

2. 書きすぎた

　少し書きすぎた　　文章を読み返して、余計な部分をそぎ落とそう。文章は長すぎないか。不必要な部分はないか。文章を整理して本当に必要なことだけを明瞭に述べよう。

　大幅に書きすぎた　　字数規定に見合った内容を設定しよう。与えられたテーマの何について書くのか、内容をさらに絞ろう。

第5章

軽い感じがする

難しい専門用語を使ってみたが、
自分でもうまく説明できそうにない…

論文らしく、もう少し文章に深みが欲しい…

文章の中にたくさん片仮名語があって、
読みにくい気がする…

略語を使ってよいのかわからない…

片仮名語と略語を点検する

課題：バリアフリーについて論ぜよ。

日本のバリアフリーは十分か
—身の回りを点検する—

　ノーマライゼーションを実現するために、バリアフリーは欠かせない条件である。日本のバリアフリーは十分と言えるだろうか。
　駅などの公共施設には、スロープやオストメイト対応トイレなど、様々なバリアフリーがある。スーパーやコンビニも、車椅子の人が通りやすいように、陳列棚の間隔を広げるといった配慮を行っている。また、観光地の案内板は、外国人にもわかりやすいよう、ピクトグラムを使用したり、多言語で表記されていたりする。今後も、2020年の東京オリンピック・パラリンピック開催に向けて、公共施設等のさらなるバリアフリー化が期待される。
　しかし、人々の心の状態は、バリアフリーと言えるだろうか。たしかに、東日本大震災の後には、現地へ赴いて、被災者のケアやがれきの撤去を行うボランティアが多数いた。しかし、日常生活を振り返ると、点字ブロックの上に駐輪する、優先席に荷物を置くなど、バリアフリーでない行動をとる人が多いのも事実である。UDの普及など、たとえ物理的な面でバリアフリーを実現できていても、生活弱者へのサポートについて、国民全員が前向きにならない限り、バリアフリーとは言えないのではないか。
　日本は、心のバリアフリーが十分ではない。したがって、日本でノーマライゼーションを実現するためには、国民全員の意識改革が必要である。

❓ 文章の問題点

必要以上に片仮名語が使われている

ノーマライゼーションを実現する (1行目)

生活弱者へのサポートについて (15〜16行目)

➡ 日本語で説明できる部分にまで、片仮名語が使われている。片仮名語は、指す意味を理解する際、書き手と読み手との間でずれが生じやすい。また、不必要に多くの片仮名語が用いられていると、読み手は書き手に対して〈語・内容に対する理解が浅い〉という印象を抱く恐れもある。

読み手の専門性を考慮していない

オストメイト対応トイレなど (3行目)

ピクトグラムを使用したり (6〜7行目)

➡ 読み手の専門性を考慮せずに片仮名語を使っている。ある分野では当たり前のように使う片仮名語であっても、読み手の専門分野が異なれば意味が通じない危険性がある。意味を知らない片仮名語が使用されていると、読み手は内容を十分に理解できず、文中の議論に入っていけない。

略語が使われている

スーパーやコンビニ (4行目)

UD (14行目)

➡ 無意識のうちに略語が使われている。普段、何気なく使用している片仮名語には、知らないうちに略されている言葉がある。省略形で書くと、読み手が考えられる他の候補語と迷ったり、誤解したりする可能性がある。

❗ 片仮名語と略語を点検しよう

1 和語・漢語に置き換えられる片仮名語の示し方

書き手と読み手の認識のずれを避けるために、日本語に置き換えられる片仮名語は、極力置き換えたほうがよい。

　　ノーマライゼーション　→　すべての人にとって住みやすい社会
　　生活弱者へのサポート　→　生活弱者への支援

2 片仮名語の適切な示し方

言葉の性質や読み手の専門性を考慮し、説明が必要かどうか判断する。

(1) 片仮名語をそのまま使用する。

　一般的に使用され、多くの人が同じ意味を共有している片仮名語はそのまま使用しても問題ない。

(2) 片仮名語を説明して使用する。

　専門性の高い片仮名語や社会で新しく使われるようになった言葉は、本文中や注で説明する。「オストメイト対応トイレ」には本文後に注をつけるとよい。「ピクトグラム」も同様。

3 略語の適切な示し方

　読み手に正確な内容を伝えるため、学術的文章では略さずに正式名称を示そう。これは、片仮名語に限った話ではない。

　ただし、学術的文章では英単語の頭文字をとった略語を使用する場合がある（例えば、NGO、EU、ITなど）。その際は、他の候補語との誤解を避けるために、初出時には（　）で原語や日本語訳を書き添えるとよい。

チェック・ポイント

□ わかりにくい片仮名語を和語・漢語に置き換えた。
□ 専門性の高い片仮名語や新しい片仮名語には説明を付けた。
□ 略された語には原語や日本語訳を加えた。

片仮名語と略語を直すと…

日本のバリアフリーは十分か
―身の回りを点検する―

　すべての人にとって住みやすい社会を実現するために、バリアフリーは欠かせない条件である。日本のバリアフリーは十分と言えるだろうか。
　駅などの公共施設には、スロープや**オストメイト対応トイレ**[注1]など、様々なバリアフリーがある。**スーパーマーケット**や**コンビニエンスストア**も、車椅子の人が通りやすいように、陳列棚の間隔を広げるといった配慮を行っている。また、観光地の案内板は、外国人にもわかりやすいよう、**ピクトグラム**[注2]を使用したり、多言語で表記されていたりする。今後も、2020年の東京オリンピック・パラリンピック開催に向けて、公共施設等のさらなるバリアフリー化が期待される。
　しかし、人々の心の状態は、バリアフリーと言えるだろうか。たしかに、東日本大震災の後には、現地へ赴いて、被災者のケアやがれきの撤去を行うボランティアが多数いた。しかし、日常生活を振り返ると、点字ブロックの上に駐輪する、優先席に荷物を置くなど、バリアフリーでない行動をとる人が多いのも事実である。**UD（ユニバーサルデザイン）**の普及など、たとえ物理的な面でバリアフリーを実現できていても、生活弱者への**支援**について、国民全員が前向きにならない限り、バリアフリーとは言えないのではないか。
　日本は、心のバリアフリーが十分ではない。したがって、日本で**すべての人にとって住みやすい社会**を実現するためには、国民全員の意識改革が必要である。

注1）　人工肛門を装着した人が使いやすいように設計された多機能トイレ
注2）　駅や空港などの公共空間で、さまざまな人に情報を伝えるために、文字の代わりに絵を用いた視覚記号

5 軽い感じがする

語句の定義をする

課題:バリアフリーについて論ぜよ。

日本のバリアフリーは十分か
—身の回りを点検する—

　ノーマライゼーションを実現するために、バリアフリーは欠かせない条件である。日本のバリアフリーは十分と言えるだろうか。駅などの公共施設には、スロープやオストメイト対応トイレなど、様々なバリアフリーがある。スーパーやコンビニも、車椅子の人が通りやすいように、陳列棚の間隔を広げるといった配慮を行っている。また、観光地の案内板は、外国人にもわかりやすいよう、ピクトグラムを使用したり、多言語で表記されていたりする。今後も、2020年の東京オリンピック・パラリンピック開催に向けて、公共施設等のさらなるバリアフリー化が期待される。

　しかし、人々の心の状態は、バリアフリーと言えるだろうか。たしかに、東日本大震災の後には、現地へ赴いて、被災者のケアやがれきの撤去を行うボランティアが多数いた。しかし、日常生活を振り返ると、点字ブロックの上に駐輪する、優先席に荷物を置くなど、バリアフリーでない行動をとる人が多いのも事実である。UDの普及など、たとえ物理的な面でバリアフリーを実現できていても、生活弱者へのサポートについて、国民全員が前向きにならない限り、バリアフリーとは言えないのではないか。

　日本は、心のバリアフリーが十分ではない。したがって、日本でノーマライゼーションを実現するためには、国民全員の意識改革が必要である。

❓ 文章の問題点

本文に登場する重要概念の意味が曖昧である

(1)「バリアフリー」とは、〈設備〉なのか〈心の状態〉なのか？

駅などの公共施設には、スロープやオストメイト対応トイレなど、様々なバリアフリーがある。(3〜4行目)

日本は、心のバリアフリーが十分ではない。(18行目)

(2) バリアフリーの対象は、一体誰なのか？

車椅子の人　外国人　被災者　生活弱者

➡ この文章では、「バリアフリー」が重要概念として用いられている。しかし、バリアフリーの意味は具体的に示されておらず、曖昧である。そのため、書き手が意図した意味通りに読み手が意味を理解しない恐れがある。例えば、上に示す2点は意味が曖昧で、何通りにも解釈でき、読み手に混乱を招く。

重要概念に関連する語句の意味が曖昧である

生活弱者へのサポートについて (15〜16行目)

➡ この文章では、バリアフリーの対象として「生活弱者」を挙げている。しかし、「生活弱者」という語句もまた、意味が曖昧である。誰を生活弱者と捉えるかは、人によっても、また状況によっても異なるからである。概念に関連する語句の意味が不明確だと、概念の定義そのものも不明確になってしまう。

❶ 語句を定義しよう

1 語句の定義

　定義は意図した意味を明確に伝えることができる技術である。定義によって意味を示すことで、指し示している内容を示すだけでなく、他の物事と区別できるように明確に限定することができる。読み手は、定義によって文章内容を理解しやすくなる。また、書き手も定義することで自分の論考の焦点を自覚できる。

2 定義すべき語句の選定

　読み手などの状況によって、どの概念を定義するかを判断するとよい。また、論考の中心となる概念は定義する場合が多い。今回の場合、少し専門外の読み手を想定して、「バリアフリー」とその関連語である「生活弱者」を定義している。

3 定義の方法

　概念を定義する際には、辞書などの著作物から説明文を引用したり、自分で考えた説明を示したりする。「○○とは、～～である。」や「本稿では○○という言葉を、～～という意味で用いる。」といった表現がよく使われる。概念の定義について、見解が対立している場合もあるだろう。その場合には、代表的な定義をいくつか引用した上で、どの定義を採用するかを明示するとよい（➡第2章―3 先行研究をふまえる）。あるいは、引用した定義を参照しつつ、独自の定義を案出しても構わない。いずれにせよ、複数の定義を読み手に見せることで、自分が最終的に採用（案出）した定義に説得力が生まれる。

チェック・ポイント

□ 重要な概念が何を指すか定義した。

語句を定義して書き直すと…

日本のバリアフリーは十分か
―身の回りを点検する―

　ノーマライゼーションを実現するために、バリアフリーは欠かせない条件である。日本のバリアフリーは十分と言えるだろうか。**日本国語大辞典第二版編集委員会・小学館国語辞典編集部編（2001）は、バリアフリーを「老齢者、障害者、妊婦、子どもなどの生活弱者に不都合な障害がないこと」（p.1426）と定義している。また、齊場（1999）によれば「建築物や住環境」といった「物理的」なものから「人間の意識や態度」といった「心の中」まで幅広い対象から障害をなくすことを意味するという（p.190）。以上を踏まえ、本稿ではバリアフリーを「生活弱者にとっての物理的障害を取り除いた設備および精神面での配慮」と定義する。本稿では生活弱者を高齢者と身体障がい者に限定して論じる。**

　駅などの公共施設には、スロープやオストメイト対応トイレなど、様々なバリアフリーがある。スーパーやコンビニも、車椅子の人が通りやすいように、陳列棚の間隔を広げるといった配慮を行っている。今後も、2020年の東京オリンピック・パラリンピック開催に向けて、公共施設等のさらなるバリアフリー化が期待される。

　しかし、人々の心の状態は、バリアフリーと言えるだろうか。日常生活を振り返ると、点字ブロックの上に駐輪する、優先席に荷物を置くなど、バリアフリーでない行動をとる人が多い。UDの普及など、たとえ物理的な面でバリアフリーを実現できていても、**生活弱者への精神面での配慮**について、国民全員が前向きにならない限り、バリアフリーとは言えないのではないか。

　日本は、**生活弱者に対する精神面での配慮が足りないため、バリアフリーは十分と言えない**。したがって、日本でノーマライゼーションを実現するためには、国民全員の意識改革が必要である。

参考文献

齊場三十四（1999）『バリアフリー社会の創造』明石書店
日本国語大辞典第二版編集委員会・小学館国語辞典編集部編（2001）
　　「バリアフリー」『日本国語大辞典　第十巻』（第二版、p.1426）小学館

COLUMN

誤字脱字をなくそう（日本語・英語）

　皆さんは、文章を提出した後に誤字脱字に気づいて「しまった！」と思った経験はないだろうか。たかが誤字脱字、と甘く見てはいけない。優れた内容の文章であっても、たった一つの誤字脱字で印象が悪くなってしまうことだってある。本コラムでは、誤字脱字をなくす二つのステップを紹介する。

　第一ステップでは、パソコンの文章校正機能を利用する。入力ミスや表記の揺らぎを瞬時に検索し、修正候補まで示してくれる優れものである。多くのうっかりミスは解決できるだろう。しかし、「これで大丈夫！」と安心してはいけない。なぜなら、漢字や綴りが正しくても、同音異義語（例えば、「機会」と「機械」、"for" と "four" など）の修正漏れが頻繁に起こるからである。

　第二ステップでは、プリントアウトした文章を音読する。ペンを片手に自分の目と耳と口で確認していくのである。このとき、第一ステップの修正漏れに加え、句読点（、。）や英語記号（, . ; :）の使い方にも意識を向けよう。音読をすると、「不自然な区切り」や「息切れするような長い文」に気づくことができる。本文の確認が終わったら、参考文献リストの音読も忘れずに。固有名詞の漢字や綴りは正確に記されているだろうか？

　完成まであと一息。はやる気持ちをぐっと抑えて慎重に確認していこう。

第6章

論理展開に一貫性がない

流れの悪い文章になってしまった…

論が飛躍している気がする…

言いたいことを
どう整理していいかわからない…

接続表現を点検する

課題：人はなぜ嘘をつくのかを論ぜよ。

人はなぜ嘘をつくのか
―二つの理由―

　人は嘘をつく生き物である。人はなぜ嘘をつくのか。その理由を考えてみたい。

　人は誰かを守るために嘘をつく。つまり、自分の仕事が締切までに終わらなかった時、他の部署の人のせいで仕事が遅れたと上司に嘘をついて、自分が悪いことを隠すためなどである。要するに、上司に叱られないように嘘をつくことで、自分を守るための嘘をつくのである。お世辞を言って、相手の名誉を傷つけないように嘘をつくこともある。すなわち、他者を守るための嘘で、優しさが感じられる。

　他者を守るための嘘は、悪いことをした他者をかばうためにつく。だから、失敗した同僚が上司から叱られないように、「自分が失敗した」と上司に嘘の報告をするのである。しかし、末期がんの患者に治ると嘘をつく場合は他者を励ますための嘘と言える。

　その場の雰囲気をつくろうための嘘もある。例えばパーティーに呼ばれた時、楽しくなくても「楽しいですか」と聞かれたら「楽しい」と嘘をつく。なぜなら、パーティーの主催者や他の来客に「楽しくない」と言うのははばつが悪いことだからである。他方で、自分に「楽しい」と言い聞かせている側面もあるだろう。

　以上、人はなぜ嘘をつくのか、二つの理由を論じた。人は誰かを守るために嘘をつくのである。

❓ 文章の問題点

> 接続表現の使い方が不適切である

<u>つまり、自分の仕事が締切までに終わらなかった時、他の部署の人のせいで仕事が遅れたと上司に嘘をついて、自分が悪いことを隠すためなどである。</u>（3〜5行目）

➡️ 「つまり」は前文の解説や言い換えの文を後文としてつなぐ機能をはたす（ときに帰結の機能もはたす）接続表現である。しかし、この1文は前文の解説ではない。

<u>だから、失敗した同僚が上司から叱られないように、「自分が失敗した」と上司に嘘の報告をするのである。</u>（11〜12行目）

➡️ 帰結の機能をもつ「だから」「ゆえに」といった接続表現は前文が後文の根拠である場合に使用する。この1文は、前文を根拠としていない。

<u>しかし、末期がんの患者に治ると嘘をつく場合は他者を励ますための嘘と言える。</u>（12〜13行目）

➡️ 転換の機能をもつ「しかし」「だが」「ところが」といった接続表現は前文とは異なる（逆の）意味の文を後文としてつなぐために使用する。この1文は、前文の意味から反対の意味へ転換がはかられていないため不適切である。

> 接続表現は書き手の意図に沿っているが、その後ろの文が不適切である

<u>すなわち、他者を守るための嘘で、優しさが感じられる。</u>（8〜9行目）

➡️ 接続表現「すなわち」は解説の機能をもつ。文の前半に、「他者を守るための嘘で、」と前文を解説する記述があるので、「すなわち」の使用はおそらく書き手の意図に沿っている。しかし、文の後半「優しさが感じられる」は感想であり、解説ではない。解説以外の内容である「優しさが〜」以降の表現が不適切である。

⚠ 接続表現を点検しよう

1 接続表現の機能にはどのようなものがあるか

野矢（2001）は、接続語の機能を 7 つ示している。
- (1) 付加：そして、しかも、むしろ
- (2) 理由：なぜなら
- (3) 例示：例えば
- (4) 転換：しかし、だが、ところが、けれども
- (5) 解説：つまり、すなわち、要するに
- (6) 帰結：だから、したがって、それゆえ（つまり）
- (7) 補足：ただし

まず一文一文の論理的なつながりを意識して展開することが重要である。その上で、文同士の関係を自覚して接続表現を使えば、前後の文の論理的なつながりをより明確に示せる。前後の文と文のつながりに応じて、的確な機能をはたす接続語を使う。

問題点で指摘した「つまり」の 1 文は前文の例を挙げているので、「例えば」に置き換える。「だから」の 1 文も同様。なお、「だから」の文はこれに合わせて文末も修正するとよい。「しかし」の 1 文は論点を追加しているので、例えば、「また」や「さらには」に置き換える。

2 接続表現の後ろの文を整える

接続表現の後ろの文が、接続表現が示した内容からはみ出したり、不十分だったりしないようにする。

問題点で指摘した「すなわち」の 1 文は、解説を後文で続ける機能をもっているため、前文の解説となる内容だけが書かれた文とする。

チェック・ポイント

使用している接続表現に印をつけ、以下のことを確認しよう。
- ☐ 適切な接続表現で文と文をつなげた。
- ☐ 接続表現でつないだ後ろの文が適切である。

参考文献
野矢茂樹（2001）『論理トレーニング 101 題』産業図書

接続表現と後ろの文を直すと…

　　　　　人はなぜ嘘をつくのか
　　　　　　―二つの理由―

　人は嘘をつく生き物である。人はなぜ嘘をつくのか。その理由を考えてみたい。

　人は誰かを守るために嘘をつく。**例えば**、自分の仕事が締切までに終わらなかった時、他の部署の人のせいで仕事が遅れたと上司に嘘をついて、自分が悪いことを隠すためなどである。要するに、上司に叱られないように嘘をつくことで、自分を守るための嘘をつくのである。お世辞を言って、相手の名誉を傷つけないように嘘をつくこともある。**すなわち、他者を守るための嘘**と言える。

　他者を守るための嘘は、悪いことをした他者をかばうためにつく。**例えば**、失敗した同僚が上司から叱られないように、「自分が失敗した」と上司に嘘の報告をする**などが挙げられる**。**また**、末期がんの患者に治ると嘘をつく場合は他者を励ますための嘘と言える。

　その場の雰囲気をつくろうための嘘もある。例えばパーティーに呼ばれた時、楽しくなくても「楽しいですか」と聞かれたら「楽しい」と嘘をつく。なぜなら、パーティーの主催者や他の来客に「楽しくない」と言うのはばつが悪いことだからである。他方で、自分に「楽しい」と言い聞かせている側面もあるだろう。

　以上、人はなぜ嘘をつくのか、二つの理由を論じた。人は誰かを守るために嘘をつくのである。

段落同士の関係を点検する

課題：人はなぜ嘘をつくのかを論ぜよ。

人はなぜ嘘をつくのか
—二つの理由—

　人は嘘をつく生き物である。人はなぜ嘘をつくのか。その理由を考えてみたい。

　人は誰かを守るために嘘をつく。つまり、自分の仕事が締切までに終わらなかった時、他の部署の人のせいで仕事が遅れたと上司に嘘をついて、自分が悪いことを隠すためなどである。要するに、上司に叱られないように嘘をつくことで、自分を守るための嘘をつくのである。お世辞を言って、相手の名誉を傷つけないように嘘をつくこともある。すなわち、他者を守るための嘘で、優しさが感じられる。

　他者を守るための嘘は、悪いことをした他者をかばうためにつく。だから、失敗した同僚が上司から叱られないように、「自分が失敗した」と上司に嘘の報告をするのである。しかし、末期がんの患者に治ると嘘をつく場合は他者を励ますための嘘と言える。

　その場の雰囲気をつくろうための嘘もある。例えばパーティーに呼ばれた時、楽しくなくても「楽しいですか」と聞かれたら「楽しい」と嘘をつく。なぜなら、パーティーの主催者や他の来客に「楽しくない」と言うのはばつが悪いことだからである。他方で、自分に「楽しい」と言い聞かせている側面もあるだろう。

　以上、人はなぜ嘘をつくのか、二つの理由を論じた。人は誰かを守るために嘘をつくのである。

❓ 文章の問題点

段落と段落の関係が不明

　第2段落では、「自分を守るための嘘」と「他者を守るための嘘」を論じている。二種類の嘘が一つの段落に混在している。

　第3段落では、「他者を守るための嘘」と「他者を励ますための嘘」を論じている。類似した二種類の嘘が一つの段落で述べられている。

　第4段落は、「その場の雰囲気をつくろうための嘘」を論じている。これは、「自分を守るための嘘」とも「他者を守るための嘘」とも読めそうである。

何をいくつ数えているかがわからない

　副題や第5段落で「二つの理由」と言っている。しかし、文章を読んでもどれが二つの理由なのかはわからない。

　論点を整理するときには、均質な論点を並列させる必要がある。「自分を守るための嘘」「他者を守るための嘘」の二種類の「嘘」に分けると、論点を均質に並列させることができる。このように論点を整理すると、第3段落の「他者を励ますための嘘」は「他者を守るための嘘」に含めた方がよいことがわかる。

　第4段落の「その場の雰囲気をつくろうための嘘」は「自分を守るための嘘」および「他者を守るための嘘」両方にかかってしまう。このままだと、論点が重なっている。

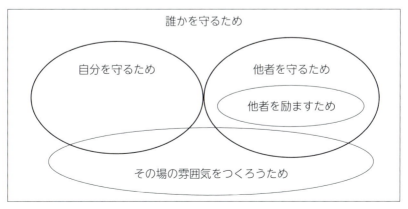

❗ 段落同士の関係を点検しよう

1 「均質」な論点を「並列」させる

　論点を整理するときには、均質な論点を並列させているか確認すべきである。例えば、今回の文章の場合、「自分を守るための嘘」と「他者を守るための嘘」（以下の図の太い線の円）で論点を分けると、均質な論点を並列させたことになる。そこで、今回は修正方法の一つの案として「その場の雰囲気をつくろうため」の嘘（第4段落）を削除し、「他者を励ますため」は「他者を守るため」に含める。

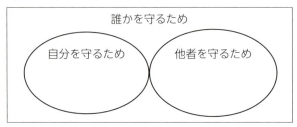

　整理する際、パラグラフの性質を意識することも助けとなる（➡第7章―2 パラグラフ・ライティングで書く）。

2 論点を数え上げる

　論点を数え上げる際、1）これから何を論じるのかを予告→ 2）いくつ論点を挙げるのかを明示→ 3）一つ一つの論点を論じる→ 4）数え上げが終了したことを宣言する、と、読み手にとってわかりやすい文章になる。
（例）以下に、具体的に誰かを守るための嘘（＝ 1）を二種類挙げる（＝ 2）。一つ目の種類は〜。二つ目の種類は〜（＝ 3）。以上が、誰かを守るための嘘の二種類である（＝ 4）。

チェック・ポイント

☐ 均質な論点を並列させた。
☐ 論点を数え上げる際には、何をいくつ挙げるか予告した。
☐ 論点を数え上げる際には、必要に応じて数え上げの終了を示した。

段落同士の関係を直すと…

人はなぜ嘘をつくのか
―自分と他者を守るため―

　人は嘘をつく生き物である。人はなぜ嘘をつくのか。**人は誰かを守るために嘘をつくのである。**本レポートでは、誰かを守るための嘘を二種類示す。

　一つ目の種類は、「自分を守るための嘘」である。例えば、自分の仕事が締切までに終わらなかった時、他の部署の人のせいで仕事が遅れたと上司に嘘をついて、自分が悪いことを隠すためなどである。要するに、上司に叱られないように嘘をつくことで、自分を守るための嘘をつくのである。また、**政治家が資金において不正をした場合も挙げられる。**不正が発覚しないように会計報告で嘘をつくのである。さらに、子どもが親に怒られないためにつく嘘も自分を守るための嘘である。子どもが野球をしていた際に近所の家のガラスを割ってしまったにもかかわらず、「植木鉢が落ちて割れたのを見たよ」などと嘘をつくのである。

　二つ目の種類は、「他者を守るための嘘」である。例えば、失敗した同僚が上司から叱られないように、「自分が失敗した」と上司に嘘の報告をするのである。また、お世辞を言って、相手の名誉を傷つけないように嘘をつくこともある。**実際には人気が無くなっている芸能人に「私の周りではとても人気がありますよ」と嘘をつくのである。**さらに、末期がんの患者に治ると嘘をつく場合も挙げられる。少しでも患者に長く生きて欲しいがために、医師は嘘をつくのである。

　以上、誰かを守るための嘘を二種類挙げた。人は誰かを守るために嘘をつくのである。

修正方法その3 見出しを点検する

　本章の【最初の文章】に見出しがついていたとする。これらの見出しをチェックすることにより、論理展開を点検しよう。

課題：人はなぜ嘘をつくのかを論ぜよ。

人はなぜ嘘をつくのか
―二つの理由―

はじめに

　人は嘘をつく生き物である。人はなぜ嘘をつくのか。その理由を考えてみたい。

誰かを守るため

　人は誰かを守るために嘘をつく。つまり、自分の仕事が締切までに終わらなかった時、他の部署の人のせいで仕事が遅れたと上司に嘘をついて、自分が悪いことを隠すためなどである。要するに、上司に叱られないように嘘をつくことで、自分を守るための嘘をつくのである。お世辞を言って、相手の名誉を傷つけないように嘘をつくこともある。すなわち、他者を守るための嘘で、優しさが感じられる。

他者を励ますため

　他者を守るための嘘は、悪いことをした他者をかばうためにつく。だから、失敗した同僚が上司から叱られないように、「自分が失敗した」と上司に嘘の報告をするのである。しかし、末期がんの患者に治ると嘘をつく場合は他者を励ますための嘘と言える。

場の雰囲気

　その場の雰囲気をつくろうための嘘もある。例えばパーティーに呼ばれた時、楽しくなくても「楽しいですか」と聞かれたら「楽しい」と嘘をつく。なぜなら、パーティーの主催者や他の来客に「楽しくない」と言うのはばつが悪いことだからである。他方で、自分に「楽しい」と言い聞かせている側面もあるだろう。

結論

　以上、人はなぜ嘘をつくのか、二つの理由を論じた。人は誰かを守るために嘘をつくのである。

❓ 見出しの問題点

見出しの抽象度が整っていない

第2節と第3節には、それぞれ次の見出しがついている。

誰かを守るため（4行目）

他者を励ますため（11行目）

➡️ 「誰か」の中には「他者」が含まれるので、これらの見出しの関係は、並列とはいえない。したがって、節の中身も抽象度が異なっていることが推測される。

実際、「誰かを守るため」の節には、「自分を守るための嘘」と「他者を守るための嘘」という二つの例が含まれている。そして、「他者を励ますため」の節には、再度、「他者を守るための嘘」の例が示されている。

見出しの表現が揃っていない

誰かを守るため（4行目）

他者を励ますため（11行目）

場の雰囲気（16行目）

➡️ 「〜ため」という表現は、〈目的〉を表している。この場合は、嘘をつく〈目的〉である。しかし、「雰囲気」は体言止めであり、この場合、嘘をつく〈状況〉を示している。つまり、同じ〈状況〉の中でも異なる〈目的〉のために嘘をつくことが起きる可能性があるので、〈目的〉と〈状況〉を並列させて節を作ることは、非論理的である。

はじめに（1行目）

結論（22行目）

➡️ 「はじめに」と対応する見出しは、「おわりに」である。「結論」に対応する見出しは、「序論」である。

❗ 見出しを点検しよう

　見出しが節の中身を的確に表しているとき、見出しを点検することによって文章の中身を論理的に修正することができる。見出しの抽象度を自覚して整え、表現も揃える工夫をしよう。

1 見出しの抽象度を整える

　見出し同士の関係をよく点検して、節内容の抽象度が整っていることを確認しよう。

　　　誰かを守るため　　　　　　　　誰かを守るため
　　　他者を励ますため　　→　　　　自分を守るため
　　　場の雰囲気　　　　　　　　　　他者を守るため

2 見出しの表現を揃える

　節同士が並列な関係であることを示すには、表現を揃える必要がある。
　　「第一の理由」「第二の理由」　　「〜の目的」「〜の方法」「〜の評価」
　　「マクロな視点から」「ミクロな視点から」　　「はじめに」「おわりに」
　　「序論」「結論」

　研究の要素を表す用語（下の第1、2、4節）と、研究の内容を表す用語（下の第3節）が混在しないように注意することも大切である（佐渡島・吉野，2008, p.252）。

　　　第Ⅳ章　結果
　　　　第1節　観察結果
　　　　第2節　インタビュー結果
　　　　第3節　なぜK社では早期退職者が多いのか
　　　　第4節　結果まとめ

チェック・ポイント

☐ 見出しをすべて通して見ると、項目同士の内容に重なりがない。
☐ 見出しの表現が揃っている。

参考文献
佐渡島紗織・吉野亜矢子（2008）『これから研究を書くひとのためのガイドブック─ライティングの挑戦15週間』ひつじ書房

見出しを点検して書き直すと…

人はなぜ嘘をつくのか
―二つの理由―

はじめに

　人は嘘をつく生き物である。人はなぜ嘘をつくのか。その理由を考えてみたい。

　人は誰かを守るために嘘をつく。**自分を守ろうとするときにも、他者を守ろうとするときにも嘘をつく。**

(1) 自分を守るため

　自分の仕事が締切までに終わらなかった時、他の部署の人のせいで仕事が遅れたと上司に嘘をついて、自分が悪いことを隠す**ことがある**。要するに、上司に叱られないように嘘をつくことで、自分を守るための嘘をつくのである。パーティーに呼ばれた時、楽しくなくても「楽しいですか」と聞かれたら「楽しい」と嘘をつく。なぜなら、パーティーの主催者や他の来客に「楽しくない」と言うのはばつが悪いことだからである。

(2) 他者を守るため

　お世辞を言って、相手の名誉を傷つけないように嘘をつくこともある。すなわち、他者を守るための嘘で、優しさが感じられる。悪いことをした他者をかばうためにつく**嘘もある**。失敗した同僚が上司から叱られないように、「自分が失敗した」と上司に嘘の報告をするのである。しかし、末期がんの患者に治ると嘘をつく場合は他者を励ます嘘と言える。パーティーで楽しくなくても「楽しいですか」に対し「楽しい」と嘘をつくのは、主催者を立てることにもなる。

おわりに

　人は自分を守るため、あるいは、他者を守るために嘘をつく。

COLUMN

話し言葉を避けよう

　話し言葉を無意識に使っている人は多いかもしれない。〈話すように書く〉ことが一般的であるSNSを使用し慣れていると、書き言葉と話し言葉の区別が曖昧になりがちである。しかし、学術的文章は公の文章であり、書き言葉で書くことが慣習である。

　では、クイズに挑戦しよう！　次の文章で、話し言葉はどれか。

　　日本人は、みんな仕事に追われてすごい忙しそうである。それは、あんまり時間の使い方が上手じゃないからかもしれない。でも、いろんな人に話を聞くと、時間をちゃんと使って、仕事も遊びもすごく充実した生活を送ってる人もいっぱいいる。

　話し言葉を書き言葉に置き換え、適切な学術的文章にすると、どのようになるだろうか？

　　日本人は、みな仕事に追われてとても忙しそうである。それは、あまり時間の使い方が上手ではないからだと推測される。しかし、さまざまな人に話を聞くと、時間を有意義に使って、仕事も遊びも大変充実した生活を送っている人も多数いる。

　どの話し言葉がどの書き言葉に置き換えられただろうか？　話し言葉と書き言葉の区別が難しいと感じた人は、学術的文章をたくさん読んで、書き言葉の語彙を増やそう。

第7章
構成が未整理な気がする

明確な主張があったので書いてみた。
が、読み返すと中身が整っていない…

構成が未整理なような気がする。
どうしたらよいのだろうか…

全体が一つのポイントに沿って
流れていないような気がする…

段落の中身がぐちゃぐちゃしている…

修正方法その1 《序論》《本論》《結論》の構成で書く

課題：日本の大学における英語教育について論ぜよ。

英語で全授業を行う利点
—優秀な留学生の確保とコミュニケーション能力の向上—

　日本には学部を問わず全授業を英語で行う大学が複数存在する。本稿の目的は、日本の大学において全授業を英語で行う利点を論じることである。

　日本の大学では、英語で履修できる授業が限られている。この背景には、英語で講義ができる大学教員が少ないという状況がある。全授業を英語で行えば、世界中から優秀な学生をより多く日本の大学に受け入れることができるという利点がある。日本における留学の現状として、留学生が十分な日本語能力を有していないために学業に支障をきたすことがある。例えば、日本語で行われる授業が理解できないために単位が取得できない学生や、指導教官と意思疎通が図れず研究に行き詰まってしまう学生が多い。

　多くの大学では英語の授業を必修科目としているが、それでは十分とはいえない。なぜなら、学生は授業中にのみ英語を学び、日常生活では英語を使う機会がほぼないからである。例えば、授業外で洋画を観たり、洋楽を鑑賞したりする学生もいるだろう。しかし、英語で物事を思考し、コミュニケーションを図る能力を養うためには、娯楽として英語を楽しむだけでなく、自分の考えを英語で表現して互いに伝え合う活動が不可欠である。全授業を英語で行えば、学生の英語力が上がると同時に、コミュニケーション能力の高い人材を育成することができるという利点がある。

　全授業を英語で行う利点を大学は認識し、カリキュラムを開発すべきである。

❓ 文章の問題点

文章のはじめとまとめが合っていない

はじめ

本稿の目的は、日本の大学において全授業を英語で行う利点を論じることである。(2〜3行目)

↓

まとめ

全授業を英語で行う利点を大学は認識し、カリキュラムを開発すべきである。(21〜22行目)

➡ 最初の段落の2文目が、これから何をするか宣言している部分である。そして、最後の1文が、この文章全体をまとめている部分である。しかし、宣言した事柄とずれた内容のまとめが示されている。

文章の中身とまとめが合っていない

文章の中ほどで述べられている内容は、二つの利点である（下線部）。

第2段落　<u>全授業を英語で行えば、世界中から優秀な学生をより多く日本の大学に受け入れることができるという利点がある。</u>(6〜7行目)

第3段落　<u>全授業を英語で行えば、学生の英語力が上がると同時に、コミュニケーション能力の高い人材を育成することができるという利点がある。</u>(18〜20行目)

全授業を英語で行う利点を<u>大学は認識し</u>、<u>カリキュラムを開発すべき</u>である。(21〜22行目)

➡ 大学が利点を認識しカリキュラムを開発すべきだという内容は、中ほどでは一切、論じられていない。論じていない内容をまとめにしてしまっている。

❗《序論》《本論》《結論》の構成で書き直そう

1 《序論》《本論》《結論》の構成とバランス

　学術的な文章は、同じ内容を三回繰り返す「らせん状」の構成で書く。《序論》で内容全体を予告する。《本論》で内容を詳しく論じる。《結論》で内容を要約して復習する。「らせん状」の構成は、よく耳にする「始め、中、終わり」の三部構成とは異なる。例えば、「始め」で主張を述べる／「中」で理由を述べる／「終わり」で今後の課題を述べる、という三部構成では、すべての部分を合わせて初めて内容が一回述べられたことになる。

　《序論》を10％、《本論》を80％、《結論》を10％、というバランスで書くことが一般的である。

2 《序論》《本論》《結論》に書く内容

　《序論》には、レポートや論文の目的を書く。レポートや論文の目的を遂行するためにとる方法として、使う資料を紹介したりデータ収集法を示したりすることもある。（例「本レポートの目的は、地域の復興に際して住民に求められる心構えを整理することである。住民団体が発行する機関紙の記事を分析して整理する。」など。）資料研究では、本論の構成を紹介することもある。

　《本論》では、《序論》で予告したことを複数の段落または節で行う。章や節の数は、論じる内容の整理の仕方による。

　《結論》では、《本論》の内容を要約し復習する。論文では、その研究の限界や今後の研究に向けての展望を書き加える場合もある。

チェック・ポイント

☐《本論》で論じられている内容が《序論》で予告されている。
☐《本論》で論じられている内容が《結論》で復習されている。
☐《序論》と《結論》が、問いと答えの関係で一貫している。

《序論》《本論》《結論》の構成で書き直すと…

英語で全授業を行う利点
―優秀な留学生の確保とコミュニケーション能力の向上―

[序論]
　日本には学部を問わず全授業を英語で行う大学が複数存在する。本稿の目的は、日本の大学において全授業を英語で行う利点を論じることである。

[本論]
　日本の大学では、英語で履修できる授業が限られている。この背景には、英語で講義ができる大学教員が少ないという状況がある。全授業を英語で行えば、世界中から優秀な学生をより多く日本の大学に受け入れることができるという利点がある。日本における留学の現状として、留学生が十分な日本語能力を有していないために学業に支障をきたすことがある。例えば、日本語で行われる授業が理解できないために単位が取得できない学生や、指導教官と意思疎通が図れず研究に行き詰まってしまう学生が多い。

　多くの大学では英語の授業を必修科目としているが、それでは十分とはいえない。なぜなら、学生は授業中にのみ英語を学び、日常生活では英語を使う機会がほぼないからである。例えば、授業外で洋画を観たり、洋楽を鑑賞したりする学生もいるだろう。しかし、英語で物事を思考し、コミュニケーションを図る能力を養うためには、娯楽として英語を楽しむだけでなく、自分の考えを英語で表現して互いに伝え合う活動が不可欠である。全授業を英語で行えば、学生の英語力が上がると同時に、コミュニケーション能力の高い人材を育成することができるという利点がある。

[結論]
　日本の大学において全授業を英語で行うことには、優秀な留学生の確保と、日本人大学生のコミュニケーション能力の向上という二つの利点がある。

修正方法その2 パラグラフ・ライティングで書く

課題:日本の大学における英語教育について論ぜよ。

英語で全授業を行う利点
—優秀な留学生の確保とコミュニケーション能力の向上—

　日本には学部を問わず全授業を英語で行う大学が複数存在する。本稿の目的は、日本の大学において全授業を英語で行う利点を論じることである。

　日本の大学では、英語で履修できる授業が限られている。この背景には、英語で講義ができる大学教員が少ないという状況がある。全授業を英語で行えば、世界中から優秀な学生をより多く日本の大学に受け入れることができるという利点がある。日本における留学の現状として、留学生が十分な日本語能力を有していないために学業に支障をきたすことがある。例えば、日本語で行われる授業が理解できないために単位が取得できない学生や、指導教官と意思疎通が図れず研究に行き詰まってしまう学生が多い。

　多くの大学では英語の授業を必修科目としているが、それでは十分とはいえない。なぜなら、学生は授業中にのみ英語を学び、日常生活では英語を使う機会がほぼないからである。例えば、授業外で洋画を観たり、洋楽を鑑賞したりする学生もいるだろう。しかし、英語で物事を思考し、コミュニケーションを図る能力を養うためには、娯楽として英語を楽しむだけでなく、自分の考えを英語で表現して互いに伝え合う活動が不可欠である。全授業を英語で行えば、学生の英語力が上がると同時に、コミュニケーション能力の高い人材を育成することができるという利点がある。

　全授業を英語で行う利点を大学は認識し、カリキュラムを開発すべきである。

❓ 文章の問題点

各段落で、一番言いたいことが何か、はっきりしない

　日本の大学では、英語で履修できる授業が限られている。この背景には、英語で講義ができる大学教員が少ないという状況がある。全授業を英語で行えば、世界中から優秀な学生をより多く日本の大学に受け入れることができるという利点がある。日本における留学の現状として、留学生が十分な日本語能力を有していないために学業に支障をきたすことがある。例えば、日本語で行われる授業が理解できないために単位が取得できない学生や、指導教官と意思疎通が図れず研究に行き詰まってしまう学生が多い。(4～11行目)

　多くの大学では英語の授業を必修科目としているが、それでは十分とはいえない。なぜなら、学生は授業中にのみ英語を学び、日常生活では英語を使う機会がほぼないからである。例えば、授業外で洋画を観たり、洋楽を鑑賞したりする学生もいるだろう。しかし、英語で物事を思考し、コミュニケーションを図る能力を養うためには、娯楽として英語を楽しむだけでなく、自分の考えを英語で表現して互いに伝え合う活動が不可欠である。全授業を英語で行えば、学生の英語力が上がると同時に、コミュニケーション能力の高い人材を育成することができるという利点がある。(12～20行目)

➡️ 題名や「本稿の目的は～」の文から推測すると、青字部が一番言いたいことでは？

　このように、一つの段落の中に、書き手の主張や根拠・具体例などを無自覚に書き連ねているため、書き手の一番言いたいことがはっきりしない。その結果、青字部が段落の中で埋もれ、一番重要な書き手の主張であることが読み手にアピールできていない。

❗ パラグラフ・ライティングで書き直そう

1 パラグラフとは

パラグラフとは、ある一つの主張とそれを支持する根拠を用いて論証された内容を、複数の文で書いた塊をいう。(日本語でいう「段落」は、この限りではない。)

2 パラグラフの基本構造

一つのパラグラフは、一つの主張を示す。トピック・センテンスはパラグラフ全体を統括した内容。したがって、トピック・センテンスは根拠を示す文よりは抽象的になる。また、トピック・センテンス以下に示される根拠は、一貫してその主張にかかわる内容となる。根拠は、論理的に整理して示すとよい(時系列/重要な順序/空間的な順序/原因結果/複数のものを対比して並べる等)。トピック・センテンスの位置は、次の3パターン。

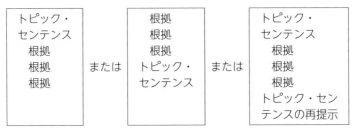

➡ 書き直した文章：例えば、第2段落では書き手の主張である青字部をパラグラフ冒頭に置き、「第一の利点」にかかわる内容だけでパラグラフを構成した。(パラグラフ内の内容を一貫させるため「学生」を「留学生」で統一。第一の利点にかかわる文を追加。)

チェック・ポイント

- ☐ トピック・センテンスが、パラグラフを統括した文になっている。
- ☐ 各パラグラフ内は、トピック・センテンスにかかわる内容だけで書かれている。
- ☐ トピック・センテンスを続けて読むと、全体の要旨になっている。

パラグラフ・ライティングで書き直すと…

英語で全授業を行う利点
―優秀な留学生の確保とコミュニケーション能力の向上―

　日本には学部を問わず全授業を英語で行う大学が複数存在する。本稿の目的は、日本の大学において全授業を英語で行う利点を論じることである。

　第一の利点は、全授業を英語で行えば、世界中から優秀な留学生をより多く日本の大学に受け入れることができるという点である。日本における留学の現状として、留学生が十分な日本語能力を有していないために学業に支障をきたすことがある。例えば、日本語で行われる授業が理解できないために単位が取得できない留学生や、指導教官と意思疎通が図れず研究に行き詰まってしまう留学生が多い。**全授業を英語で行えば、現在起きているような言語の壁は解消される。その結果、世界中から優秀な留学生を受け入れることができる。**

　第二の利点は、全授業を英語で行えば、学生の英語力が上がると同時に、コミュニケーション能力の高い人材を育成することができるという点である。多くの大学では英語の授業を必修科目としているが、それでは十分とはいえない。なぜなら、学生は授業中にのみ英語を学び、日常生活では英語を使う機会がほぼないからである。英語で物事を思考し、コミュニケーションを図る能力を養うためには、自分の考えを英語で表現して互いに伝え合う活動が不可欠である。**全授業を英語で行えば、こうした活動を授業内に体験できる。その結果、コミュニケーション能力の高い人材を育成することができる。**

　全授業を英語で行うことの利点は、世界中から優秀な留学生をより多く日本の大学に受け入れることができる点と、コミュニケーション能力の高い人材を育成できる点である。

パワー・ライティングで書く

課題：日本の大学における英語教育について論ぜよ。

英語で全授業を行う利点
―優秀な留学生の確保とコミュニケーション能力の向上―

　日本には学部を問わず全授業を英語で行う大学が複数存在する。本稿の目的は、日本の大学において全授業を英語で行う利点を論じることである。

　日本の大学では、英語で履修できる授業が限られている。この背景には、英語で講義ができる大学教員が少ないという状況がある。全授業を英語で行えば、世界中から優秀な学生をより多く日本の大学に受け入れることができるという利点がある。日本における留学の現状として、留学生が十分な日本語能力を有していないために学業に支障をきたすことがある。例えば、日本語で行われる授業が理解できないために単位が取得できない学生や、指導教官と意思疎通が図れず研究に行き詰まってしまう学生が多い。

　多くの大学では英語の授業を必修科目としているが、それでは十分とはいえない。なぜなら、学生は授業中にのみ英語を学び、日常生活では英語を使う機会がほぼないからである。例えば、授業外で洋画を観たり、洋楽を鑑賞したりする学生もいるだろう。しかし、英語で物事を思考し、コミュニケーションを図る能力を養うためには、娯楽として英語を楽しむだけでなく、自分の考えを英語で表現して互いに伝え合う活動が不可欠である。全授業を英語で行えば、学生の英語力が上がると同時に、コミュニケーション能力の高い人材を育成することができるという利点がある。

　全授業を英語で行う利点を大学は認識し、カリキュラムを開発すべきである。

❓ 文章の問題点

《本論》のパラグラフ内が、ごちゃごちゃしていて主張がわかりにくい

異なる三つの抽象度が混ざり合っているため、主張がわかりにくい。

そこで、《本論》をパラグラフごとに抽象度別に異なる下線で分けてみた。

　　抽象度が高い文（二重線）　➡　「パワー1」
　　抽象度がやや高い文（下線）　➡　「パワー2」
　　抽象度が低い文（波線）　　　➡　「パワー3」

■第2パラグラフ

【2】日本の大学では、英語で履修できる授業が限られている。この背景には、英語で講義ができる大学教員が少ないという状況がある。【1】全授業を英語で行えば、世界中から優秀な学生をより多く日本の大学に受け入れることができるという利点がある。【2】日本における留学の現状として、留学生が十分な日本語能力を有していないために学業に支障をきたすことがある。【3】例えば、日本語で行われる授業が理解できないために単位が取得できない学生や、指導教官と意思疎通が図れず研究に行き詰まってしまう学生が多い。(4～11行目)

➡ パワー【2】→パワー【1】→パワー【2】→パワー【3】と行き来している。

■第3パラグラフ

【2】多くの大学では英語の授業を必修科目としているが、それでは十分とはいえない。なぜなら、学生は授業中にのみ英語を学び、日常生活では英語を使う機会がほぼないからである。【3】例えば、授業外で洋画を観たり、洋楽を鑑賞したりする学生もいるだろう。【2】しかし、英語で物事を思考し、コミュニケーションを図る能力を養うためには、娯楽として英語を楽しむだけでなく、自分の考えを英語で表現して互いに伝え合う活動が不可欠である。【1】全授業を英語で行えば、学生の英語力が上がると同時に、コミュニケーション能力の高い人材を育成することができるという利点がある。(12～20行目)

➡ パワー【2】→パワー【3】→パワー【2】→パワー【1】と行き来している。

❗ パワー・ライティングで書き直そう

1 パワー・ライティング(Power Writing)とは

ライティングにおける「パワー(力)」とは、「書く力」「ことばの力」「書き手の権力」などを意味する(佐渡島・吉野, 2008, p.55)。文章を書くときには、ことばの抽象度に気をつける。

パラグラフの中で最も抽象度が高い文は「パワー1」となる。つまり、トピック・センテンスが「パワー1」になる。例えば、論じるテーマ、論じる目的、主張そのものが「パワー1」にあたる。「パワー2」は「パワー1」を支える根拠や「パワー1」を細分化させた論点を指す。「パワー3」は「パワー2」を支える具体例、「パワー4」はさらに具体的な実数や実名、エピソードなどを表す。このように、パワーの数字が大きくなるにつれて抽象度は低くなり、より具体的な事柄となる。

2 抽象度の調節

文章全体の構成やパラグラフの構成を考えるときには、各パラグラフや各文の抽象度を調節する。

(1) パラグラフ内の各文における抽象度を特定する。

各文が、「パワー1」「パワー2」「パワー3」のどの抽象度になっているかを確認する。

(2) 抽象度が高い文をパラグラフの最初にもってくる。

抽象度が高い「パワー1」の文を《本論》の各パラグラフの初めに移動させると、主張が明快になる。

(3) 抽象度の異なる文の並べ方を意識する。

「パワー1」→「パワー3」または「パワー3」→「パワー1」のように、パラグラフ内で抽象度が急に高くなったり低くなったりすると、主張がわかりにくくなる。

チェック・ポイント

□ 《本論》の各パラグラフの最初に「パワー1」の文を書いた。
□ パラグラフ内で抽象度が急に高くなったり低くなったりしていない。

参考文献
佐渡島紗織・吉野亜矢子(2008)『これから研究を書くひとのためのガイドブック―ライティングの挑戦15週間』ひつじ書房

パワー・ライティングで書き直すと…

英語で全授業を行う利点
―優秀な留学生の確保とコミュニケーション能力の向上―

　日本には学部を問わず全授業を英語で行う大学が複数存在する。本稿の目的は、日本の大学において全授業を英語で行う利点を論じることである。

　全授業を英語で行えば、世界中から優秀な学生をより多く日本の大学に受け入れることができるという利点がある。日本の大学では、英語で履修できる授業が限られている。この背景には、英語で講義ができる大学教員が少ないという状況がある。日本における留学の現状として、留学生が十分な日本語能力を有していないために学業に支障をきたすことがある。例えば、日本語で行われる授業が理解できないために単位が取得できない学生や、指導教官と意思疎通が図れず研究に行き詰まってしまう学生が多い。

　全授業を英語で行えば、学生の英語力が上がると同時に、コミュニケーション能力の高い人材を育成することができるという利点がある。多くの大学では英語の授業を必修科目としているが、それでは十分とはいえない。なぜなら、学生は授業中にのみ英語を学び、日常生活では英語を使う機会がほぼないからである。例えば、授業外で洋画を観たり、洋楽を鑑賞したりする学生もいるだろう。しかし、英語で物事を思考し、コミュニケーションを図る能力を養うためには、娯楽として英語を楽しむだけでなく、自分の考えを英語で表現して互いに伝え合う活動が不可欠である。

　全授業を英語で行う利点を大学は認識し、カリキュラムを開発すべきである。

7　構成が未整理な気がする

抽象度が高い文（二重線）　➡　「パワー1」
抽象度がやや高い文（下線）　➡　「パワー2」
抽象度が低い文（波線）　➡　「パワー3」

COLUMN

締切を守ろう

　レポートや論文に限らず、社会における文章の締切は、読み手（相手）との約束である。締切までに受け取れなかったら、出版に間に合わないというような事態がおきる。締切を延ばしても質の高いものを提出しようとする行為は、一見よさそうに見えるが、自己中心的である。

　制限時間内に、自分の気持ちと折り合いをつけることは勇気がいることである。取り掛かりが遅い人は、「実際の締切」より前に、「仮の締切」を設定しよう。そして、取り掛かる前に同じ授業に参加している友達と課題について話してみよう。そうすることによって、具体的なアイディアが生まれやすくなるだろう。

　完璧主義でいつまでも提出できない人は、提出を先延ばしにせずに、「現時点での成果報告」だと考えて割りきろう。一人で悩んでいないで、同じ授業に参加している友達に相談してみよう。思いきって、教授やTAに相談してみるのもよいだろう。そのときの完成度を客観的に評価してくれるはずである。

　締切を守ると、読み手に迷惑がかからないだけでなく、書き手としての信頼を得ることにもつながる。

第8章

引用が適切にできているか不安

文章をかたまりで引用したけれど、
この書き方でよいのだろうか…

文献を使ってみたけど、
引用の仕方はこれでよいのだろうか…

ここは引用したほうがいいのか…

参考文献リストは、これで適切なのか…

適切に引用する

課題：文章作成指導で履修者の文章作成力を伸ばすには、対面授業がよいか、オンデマンド授業がよいか。

文章作成指導で履修者の文章作成力を伸ばすには

　近年、大学では対面授業と並ぶ授業形態としてオンデマンド授業が普及している。早稲田大学でも、2001年からオンデマンド授業を実施しており、全学で毎年、約1000科目のオンデマンド授業が開講されている。しかし、オンデマンド授業より、対面授業の方が文章作成指導において文章作成力を伸ばすのによい。

　オンデマンド授業の場合、履修者の空いた時間に履修できる。つまり、オンデマンド授業は、学生の多様なニーズに合わせ「いつでもどこでも学べる」環境を提供することができる。しかし、履修者が一度でも怠けてしまったらよほど意識の高い履修者でない限り諦めてしまう。また、決まったクラスや時間でないために後回しにしてしまうこともある。

　一方、対面授業ではオンデマンド授業の欠点を解消できる。何よりも人と人のコミュニケーションでは、顔を合わせることが大事である。教室に行って、教員と学生が顔を合わせ、お互いに表情や声から様子をみながら皆で議論するのが深い学びである。また、学生はその場ですぐに質問できる。教員も学生の反応を見て柔軟に説明できる。さらに、教員が一度も学生に会ったことがないという授業は、人の繋がりがあまりに薄い。したがって良い学びの場とは言えない。(伊藤, 2014, p. 5)

　以上より、文章作成力を伸ばすには対面授業がよい。

❓ 文章の問題点

出典が示されていない

早稲田大学でも、2001年からオンデマンド授業を実施しており、全学で毎年、約1000科目のオンデマンド授業が開講されている。

(2〜4行目)

➡ この文で示されている事実は、文献等を調べないとわからない情報であるにもかかわらず出典を示していない。ただし、一般的に共有されている事柄は出典を示さなくてもよい。

誰の主張かが曖昧になっている

「いつでもどこでも学べる」(7〜8行目)

➡ 「 」は、引用するために付けられているのか、書き手自身の主張を強調するために付けられているのか、わかりにくい。出典を示さずに他者の言を用いる書き方は剽窃にあたる。本や論文から一部分を抜き出してきた場合には、「 」（引用符）で括るだけでなく、「 」の後ろにその出典も明示する必要がある。

引用の仕方が不適切である

本文の第3段落の青字部では、出典を示しているが「 」を使わずに原文を書き写した部分をつなぎ合わせて示しているため剽窃にあたる。また、参考文献リストがない点も問題である。特別な場合を除いては、参考文献リストを本文の後ろにつける。

【参考文献】伊藤育男「対面指導という原点に戻るべき」『稲本大学　教育研究科通信』72号、2014年、pp. 4-5
（略）人と人のコミュニケーションでは、顔を合わせることが大事である。教室に行って、教員と学生が顔を合わせ、お互いに表情や声から様子をみながら皆で議論するのが深い学びではないか。学生はその場ですぐに質問できる。教員も学生の反応を見て柔軟に説明できる。教員が一度も学生に会ったことがない、同じクラスの友達の顔が分からないという状況は、人の繋がりがあまりに薄い。したがって良い学びの場とは言えない。（略）

—5頁—

※青字部が本文に書き写された箇所

❗ 適切に引用しよう

1 引用とは

　引用とは、参照した文章をそのまま書き写し「　」（引用符）で括って自分の文章に取り込むことである（直接引用）。参照した文章を言い換えたり（パラフレーズ）、要約したりして自分の文章に取り入れることもある（間接引用）。どちらの引用の場合にも参考文献リストをつける。

　引用にはさまざまな書式や規則があり、文章内で統一して書く必要がある。学問分野・領域によって書式の規定があるので、ゼミ、研究科、学会の規定を調べ、決められた書式に従って書く。

2 なぜ引用するのか

　他者の意見を、著者や出所を挙げて示し、尊重して扱う（知的所有権を守る）ことになる。また、どこからどこまでが他者の意見で、どこからどこまでが自分の意見か、区別が明瞭になる。他者の意見を元のまま見せるため、読み手は原文の解釈が適切か確認できる。ただし、「　」で括って引用する場合には、「　」部分が本文全体の3分の1を超えることは不適切である。

3 剽窃を避ける

（1）文献から得た情報を本文に含める場合には、必ず出典を示す。
（2）文献から得た情報を自分の言葉で言い換える（要約する）場合にも必ず出典を示す。
（3）原文を書き写した部分は「　」で括り、必ず出典を示す。「　」を使わずに原文を書き写した部分をつなぎ合わせて、出典を示すだけでは不適切である。

4 著者年方式とは

　著者年方式とは、本文中に出典として、著者名、発行年、ページ番号を（　）を使って表記する引用の形式である。著者年方式では、出典を示すために注は使わない。参考文献の題などの詳細は、本文の後ろの参考文献リストにまとめて書く（➡第8章―3 参考文献リストを整える）。

5 脚注方式とは

　脚注方式とは、文中の該当箇所に注番号を振って、引用の出典や本文中の記述に補足説明をするやり方のことである。「脚注」は各ページの下につける形式と、本文の終わりにまとめてつける形式とがある。注の中で、著者名、文献発行年、引用ページを記し、詳しい出典は「参考文献リスト」を本文の後ろにつける（➡第8章─3 参考文献リストを整える）。Wordなどのワープロソフトには脚注機能があり、自動的に数字を振ってくれるので活用するとよい。なお、脚注の数字表記は、(1)(2)(3)、[1][2][3]、1，2，3など、書式によって異なる場合がある。

【脚注方式の例】
　大学教育では、なぜ学生の文章作成力を養成する授業が増加しているのだろうか。大学教員は「課題内容に関して説明はしても、書き方そのものを細かく指導することは稀」であり、「見よう見まねで何とか書き方を学ぶという学生の自主的個別学習に依拠してきた」と、井下は述べる[(1)]。また、佐渡島は、そもそも日本の小・中・高校では学術的文章の書き方について体系的な指導が行われていないと指摘する[(2)]。

(1) 井下　2008, p.13
(2) 佐渡島　2011, p.24

参考文献
井下千以子（2008）『大学における書く力考える力─認知心理学の知見をもとに』東信堂
佐渡島紗織（2011）「日本におけるアカデミック・ライティング指導」、『インターナショナル・ナーシングレビュー』日本看護協会出版会、pp. 24-33

チェック・ポイント

- ☐ 引用元の文章を正確に書き写した。
- ☐ 引用元の内容と自分の意見を明確に区別した。
- ☐ 著者年方式と脚注方式が混ざっていない。
- ☐ 著者年方式で引用した際、文献の著者名と発行年と引用ページを本文に示した。
- ☐ 脚注方式では、引用した箇所に脚注番号を振り、同番号の脚注を作った。
- ☐ 本文の後ろに参考文献リストを付けた。

参考文献
佐渡島紗織・Diego Oliveira・嶼田大海・Nicholas Delgrego（2020）『レポート・論文をさらによくする「引用」ガイド』大修館書店

著者年方式で書き直すと…

文章作成指導で履修者の文章作成力を伸ばすには

　近年、大学では対面授業と並ぶ授業形態としてオンデマンド授業が普及している。早稲田大学でも、2001年からオンデマンド授業を実施しており、全学で毎年、約1000科目のオンデマンド授業が開講されている（早稲田大学大学総合研究センター）。しかし、オンデマンド授業より、対面授業の方が文章作成指導において文章作成力を伸ばすのによい。

　オンデマンド授業の場合、履修者の空いた時間に履修できる。つまり、「オンデマンド授業は、学生の多様なニーズに合わせ『いつでもどこでも学べる』環境を提供することができ」る（灰原, 2014, p. 17）。しかし、履修者が一度でも怠けてしまったらよほど意識の高い履修者でない限り諦めてしまう。また、決まったクラスや時間でないために後回しにしてしまうこともある。

　一方、対面授業ではオンデマンド授業の欠点を解消できる。伊藤（2014）は、オンデマンド授業は「良い学びの場」（p. 5）ではないという。なぜなら何よりも「人と人のコミュニケーションでは、顔を合わせることが大事」（p. 5）だからである。教室で教員と学生が互いの様子をみて議論することが「深い学び」（p. 5）に繋がる。その例として、「学生はその場ですぐに質問でき」、「教員も学生の反応を見て柔軟に説明できる」点を挙げている（p. 5）。つまり、対面授業では、教師と学生との間にコミュニケーションが生まれやすく、信頼関係も築きやすいのである。

　以上より、文章作成力を伸ばすには対面授業がよい。

参考文献

伊藤育男（2014）「対面指導という原点に戻るべき」『稲本大学　教育研究科通信』72号、pp. 4-5
灰原一郎（2014年11月6日）「オンデマンド授業の推進」『水山地域新聞』夕刊、pp. 17-18
早稲田大学大学総合研究センター「オンデマンド授業支援」http://web.waseda.jp/ches/?page_id=88

脚注方式で書き直すと…

文章作成指導で履修者の文章作成力を伸ばすには

近年、大学では対面授業と並ぶ授業形態としてオンデマンド授業が普及している。早稲田大学でも、2001年からオンデマンド授業を実施しており、全学で毎年、約1000科目のオンデマンド授業が開講されている[1]。しかし、オンデマンド授業より、対面授業の方が文章作成指導において文章作成力を伸ばすのによい。

オンデマンド授業の場合、履修者の空いた時間に履修できる。つまり、「オンデマンド授業は、学生の多様なニーズに合わせ『いつでもどこでも学べる』環境を提供することができ」る[2]。しかし、履修者が一度でも怠けてしまったらよほど意識の高い履修者でない限り諦めてしまう。また、決まったクラスや時間でないために後回しにしてしまうこともある。

一方、対面授業ではオンデマンド授業の欠点を解消できる。伊藤[3]は「人と人のコミュニケーションでは、顔を合わせることが大事」であり、教室で教員と学生が「様子をみながら皆で議論するのが深い学び」であると言う。また、対面授業では「学生はその場ですぐに質問でき」、「教員も学生の反応を見て柔軟に説明できる」と述べている。こうした対面でのやり取りが教師と学生との間に信頼関係を生み、文章作成力の伸びにも繋がるのである。

以上より、文章作成力を伸ばすには対面授業がよい。

(1) 早稲田大学大学総合研究センター
(2) 灰原 2014、17面
(3) 伊藤 2014、p. 5

参考文献
伊藤育男（2014）「対面指導という原点に戻るべき」『稲本大学　教育研究科通信』72号、pp. 4-5
灰原一郎（2014年11月6日）「オンデマンド授業の推進」『水山地域新聞』夕刊、17-18面
早稲田大学大学総合研究センター「オンデマンド授業支援」http://web.waseda.jp/ches/?page_id=88

ブロック引用をする

課題:文章作成指導で履修者の文章作成力を伸ばすには、対面授業がよいか、オンデマンド授業がよいか。

文章作成指導で履修者の文章作成力を伸ばすには

　近年、大学では対面授業と並ぶ授業形態としてオンデマンド授業が普及している。早稲田大学でも、2001年からオンデマンド授業を実施しており、全学で毎年、約1000科目のオンデマンド授業が開講されている。しかし、オンデマンド授業より、対面授業の方が文章作成指導において文章作成力を伸ばすのによい。

　オンデマンド授業の場合、履修者の空いた時間に履修できる。つまり、オンデマンド授業は、学生の多様なニーズに合わせ「いつでもどこでも学べる」環境を提供することができる。しかし、履修者が一度でも怠けてしまったらよほど意識の高い履修者でない限り諦めてしまう。また、決まったクラスや時間でないために後回しにしてしまうこともある。

　一方、対面授業ではオンデマンド授業の欠点を解消できる。何よりも人と人のコミュニケーションでは、顔を合わせることが大事である。教室に行って、教員と学生が顔を合わせ、お互いに表情や声から様子をみながら皆で議論するのが深い学びである。また、学生はその場ですぐに質問できる。教員も学生の反応を見て柔軟に説明できる。さらに、教員が一度も学生に会ったことがないという授業は、人の繋がりがあまりに薄い。したがって良い学びの場とは言えない。(伊藤, 2014, p.5)

　以上より、文章作成力を伸ばすには対面授業がよい。

❓ 文章の問題点

長い文章を引用する際、自他の言を明確に区別できていない

何よりも人と人のコミュニケーションでは、顔を合わせることが大事である。教室に行って、教員と学生が顔を合わせ、お互いに表情や声から様子をみながら皆で議論するのが深い学びである。また、学生はその場ですぐに質問できる。教員も学生の反応を見て柔軟に説明できる。さらに、教員が一度も学生に会ったことがないという授業は、人の繋がりがあまりに薄い。したがって良い学びの場とは言えない。(伊藤, 2014, p. 5)(12～19行目)

➡ 出典は示されているが、元の文章のあちらこちらから必要な語句を抜き取り、自分の言葉でつなぎ合わせている。そのため、自分の論と他者の論との区別がつきにくい（青字部は他者の論）。

何の目的で引用がなされているのかがわかりにくい

(伊藤, 2014, p. 5)(19行目)

➡ 出典が示されているが、何のために引用が行われているのかが読み手にはわかりにくい。この文章では、「文章作成指導で履修者の文章作成力を伸ばすには対面授業の方がよい」という主張を裏付ける形で引用が行われている。つまり、自分の主張を支持する意見として引用を使っている。

長い文章を引用する際、ブロック引用を使っていない

第3段落の青字部では、ブロック引用を使うとよい。

ブロック引用は、例えば以下のような目的でなされる。

(1) 自分の主張を支持する意見として出す。自分の主張を裏付け、強化する。
(2) 自分の主張と反対の意見として出す。引用箇所に反論することで自分の主張を強化する。
(3) 自分が述べていることの具体例を示す。
(4) 自分が出した具体例を一般化するもの（解説するもの）として出す。
(5) 分析の対象そのものを示す。

❗ ブロック引用を使って書き直そう

1 ブロック引用とは何か

　他の文献から、一部を塊で引用して自分の主張に組み込む引用の仕方をブロック引用（Block Quotation）という。レポートや論文の本文に書き写した引用元の文章が3行以上にわたる場合に、ブロック引用を行う。

(1) 一言一句（句読点を含めて）を書き写す。引用元の文章に間違いがある場合でもそのまま書き写す。その場合、間違いと知りつつもそのまま引用していることを示すために、「ママ」というルビを打つ。
(2) 出典と引用ページを明示する。
(3) ブロック引用箇所は「　」で括らない。引用箇所は全体を右に3文字ほどずらす。ブロック引用箇所と本文の間は一行ずつ空ける。
(4) 引用箇所の中で強調したい箇所がある場合は、その箇所に下線を引く。その場合、最後に（下線は筆者）と表記する。
(5) 途中で文章を省略する場合、省略部分を（中略）や〔…〕と表記する。

2 ブロック引用の手順

(1) 引用部分を選択する
　論にぴったりの部分を選ぶ。過不足のないように選ぶ。
(2) 予告をする
　誰の言かを明示する。何のために引用するのかを示す。
　例「○○は△△△について以下のように述べている」
(3) 分析する
　論じる観点を示すために、引用後、まず引用部分のポイントを簡潔に示す。引用部分のキーワードを再度引用しながら自分の論へと進む。
　例「以上のように、○○は〜と主張している。つまり、〜。」

チェック・ポイント

☐ 引用の目的を自覚して、ブロック引用を行った。
☐ ブロック引用を用いることで、他者の論と自分の論を区別できた。
☐ ブロック引用を行う前に予告をし、引用後にポイントを示した。

ブロック引用を使って書き直すと…

文章作成指導で履修者の文章作成力を伸ばすには

近年、大学では対面授業と並ぶ授業形態としてオンデマンド授業が普及している。早稲田大学でも、2001年からオンデマンド授業を実施しており、全学で毎年、約1000科目のオンデマンド授業が開講されている。しかし、オンデマンド授業より、対面授業の方が文章作成指導において文章作成力を伸ばすのによい。

オンデマンド授業の場合、履修者の空いた時間に履修できる。しかし、履修者が一度でも怠けてしまったらよほど意識の高い履修者でない限り諦めてしまう。また、決まったクラスや時間でないために後回しにしてしまうこともある。**伊藤（2014）は、対面授業の利点とオンデマンド授業の欠点を以下のように指摘する。**

> **人と人のコミュニケーションでは、顔を合わせることが大事である。教室に行って、教員と学生が顔を合わせ、お互いに表情や声から様子をみながら皆で議論するのが<u>深い学び</u>ではないか。（中略）教員が一度も学生に会ったことがない、同じクラスの友達の顔が分からないという状況は、<u>人の繋がり</u>があまりに薄い。したがって<u>良い学びの場</u>とは言えない。（p. 5）（下線は筆者）**

伊藤は、対面授業によるコミュニケーションは「深い学び」になるが、オンデマンド授業は「人の繋がり」が薄いため、「良い学びの場」ではないと述べている。つまり、対面授業では教師と学生との間にコミュニケーションが生まれやすく、互いの信頼関係も築きやすいのである。

以上より、文章作成力を伸ばすには対面授業がよい。

参考文献

伊藤育男（2014）「対面指導という原点に戻るべき」『稲本大学　教育研究科通信』72号、pp. 4-5

3 参考文献リストを整える

本節では4つの異なる書式で書かれた文章と参考文献リストを示す。

1 APA（American Psychological Association）書式

APAは著者年方式である。本文中に、著者名、文献発行年、引用ページを記載する。そして、本文の後ろに参考文献リストを作成し、文献の詳しい書誌情報を記載する。書誌情報は先頭の文字で五十音順に並べる。

近年、大学では対面授業と並ぶ授業形態としてオンデマンド授業が普及している。早稲田大学でも、2001年からオンデマンド授業を実施しており、全学で毎年、約1000科目のオンデマンド授業が開講されている（早稲田大学大学総合研究センター）。（略）「オンデマンド授業は、学生の多様なニーズに合わせ『いつでもどこでも学べる』環境を提供することができ」る（灰原，2014，p.17）。（略）**伊藤（2014）**は、オンデマンド授業は「良い学びの場」**(p.5)** ではないという。なぜなら何よりも「人と人のコミュニケーションでは、顔を合わせることが大事」**(p.5)** だからである。教室で教員と学生が互いの様子をみて議論することが「深い学び」**(p.5)** に繋がる。その例として、「学生はその場ですぐに質問でき」、「教員も学生の反応を見て柔軟に説明できる」点を挙げている **(p.5)**。つまり、対面授業では、教師と学生との間にコミュニケーションが生まれやすい。さらに、頻繁なコミュニケーションによって信頼関係も築きやすいのである。（略）

参考文献
伊藤育男（2014）「対面指導という原点に戻るべき」『稲本大学　教育研究科通信』72号、pp. 4-5
灰原一郎（2014年11月6日）「オンデマンド授業の推進」『水山地域新聞』夕刊、17-18面
早稲田大学大学総合研究センター「オンデマンド授業支援」http://web.waseda.jp/ches/?page_id=88

2 MLA（Modern Language Association）書式

著者年方式で書く際に用いる。本文中に、著者名および引用ページを記載する。引用ページは（　）の中に数字のみを示すため、（p. 5）ではなく、（5）となる。そして、本文の後ろに引用文献リストを作成し、詳しい書誌情報を記載する。書誌情報はAPA書式同様、先頭の文字で五十音順に並べる。

近年、大学では対面授業と並ぶ授業形態としてオンデマンド授業が普及している。早稲田大学でも、2001年からオンデマンド授業を実施しており、全学で毎年、約1000科目のオンデマンド授業が開講されている（**早稲田大学大学総合研究センター**）。（略）「オンデマンド授業は、学生の多様なニーズに合わせ『いつでもどこでも学べる』環境を提供することができ」る（**灰原17**）。（略）**伊藤**は、オンデマンド授業は「良い学びの場」（5）ではないという。なぜなら何よりも「人と人のコミュニケーションでは、顔を合わせることが大事」（5）だからである。教室で教員と学生が互いの様子をみて議論することが「深い学び」（5）に繋がる。その例として、「学生はその場ですぐに質問でき」、「教員も学生の反応を見て柔軟に説明できる」点を挙げている（5）。つまり、対面授業では、教師と学生との間にコミュニケーションが生まれやすい。さらに、頻繁なコミュニケーションによって信頼関係も築きやすいのである。（略）

引用文献
伊藤育男「対面指導という原点に戻るべき」『稲本大学　教育研究科通信』72、2014、pp. 4-5
灰原一郎「オンデマンド授業の推進」『水山地域新聞』夕刊、2014年11月6日、17-18面
早稲田大学大学総合研究センター「オンデマンド授業支援」http://web.waseda.jp/ches/?page_id=88　2015年2月25日閲覧

3 Chicago 書式（The Chicago Manual of Style）

シカゴ書式には、脚注方式と著者年方式の二種類がある。本節では、脚注方式のみを紹介する。脚注方式の場合、本文中に注番号を記載する。そして、本文の後ろ（ページ下方の場合もある）にすべての注を並べ、書誌情報と引用ページを記す。さらに、参考文献リストを作成し詳しい書誌情報を記載する。書誌情報は他の書式同様、先頭の文字で五十音順に並べる。

近年、大学では対面授業と並ぶ授業形態としてオンデマンド授業が普及している。早稲田大学でも、2001年からオンデマンド授業を実施しており、全学で毎年、約1000科目のオンデマンド授業が開講されている[1]。（略）「オンデマンド授業は、学生の多様なニーズに合わせ『いつでもどこでも学べる』環境を提供することができ」[2]る。（略）伊藤[3]は、オンデマンド授業は「良い学びの場」ではないという。なぜなら何よりも「人と人のコミュニケーションでは、顔を合わせることが大事」だからである。教室で教員と学生が互いの様子をみて議論することが「深い学び」に繋がる。その例として、「学生はその場ですぐに質問でき」、「教員も学生の反応を見て柔軟に説明できる」点を挙げている。つまり、対面授業では、教師と学生との間にコミュニケーションが生まれやすい。さらに、頻繁なコミュニケーションによって信頼関係も築きやすいのである。（略）

1. 早稲田大学大学総合研究センター「オンデマンド授業支援」2015年2月25日閲覧、http://web.waseda.jp/ches/?page_id=88
2. 灰原一郎「オンデマンド授業の推進」『水山地域新聞』夕刊、2014年11月6日、17
3. 伊藤育男「対面授業という原点に戻るべき」『稲本大学　教育研究科通信』72号、2014、5

参考文献

伊藤育男「対面指導という原点に戻るべき」『稲本大学　教育研究科通信』72号、2014
灰原一郎「オンデマンド授業の推進」『水山地域新聞』夕刊、2014年11月6日
早稲田大学大学総合研究センター「オンデマンド授業支援」2015年2月25日閲覧
　　http://web. wase da.jp/ches/?page_id=88

4 IEEE（Institute of Electrical and Electronics Engineers）書式

IEEE は脚注方式だがシカゴ書式とは異なり、引用直後にブラケット［　］で囲んだ番号を記載する。そして、文章末に参考文献リストを作成し、詳しい書誌情報を記載する。他の書式と異なり、書誌情報は本文中で文献が登場した順に記載する。

近年、大学では対面授業と並ぶ授業形態としてオンデマンド授業が普及している。早稲田大学でも、2001年からオンデマンド授業を実施しており、全学で毎年、約1000科目のオンデマンド授業が開講されている［1］。（略）「オンデマンド授業は、学生の多様なニーズに合わせ『いつでもどこでも学べる』環境を提供することができ」［2］る。（略）伊藤［3］は、オンデマンド授業は「良い学びの場」ではないという。なぜなら何よりも「人と人のコミュニケーションでは、顔を合わせることが大事」だからである。教室で教員と学生が互いの様子をみて議論することが「深い学び」に繋がる。その例として、「学生はその場ですぐに質問でき」、「教員も学生の反応を見て柔軟に説明できる」点を挙げている。つまり、対面授業では、教師と学生との間にコミュニケーションが生まれやすい。さらに、頻繁なコミュニケーションによって信頼関係も築きやすいのである。（略）

参考文献
［1］早稲田大学大学総合研究センター．オンデマンド授業支援［オンライン］．http://web.waseda.jp/ches/?page_id=88（2015年2月25日閲覧）
［2］灰原一郎，"オンデマンド授業の推進，"水山地域新聞，夕刊，17-18面，2014年11月6日．
［3］伊藤育男，"対面指導という原点に戻るべき，"稲本大学　教育研究科通信，72号，pp. 4-5，2014年．

COLUMN

剽窃を避けよう

　剽窃とは、レポートや論文を書くときに、適切な引用や出典を示さずに他者の言や考えを自分のものとして使う行為である。学術的な知見は、それを最初に発見、発明、あるいは提唱した人が所有するとみなされる。出典を明記せずに使うと、学術の世界では「泥棒＝犯罪」になってしまう。

　以下はすべて剽窃にあたる書き方である。

　①ある人の独自の知見が出典を示さずに書かれている。
　②ことばを書き写して使ったのに、「　」（かぎ括弧）がつけられていない。
　③かぎ括弧をつけて引用したが、出典が示されていない。
　④地の文よりも引用された文字数が多い。
　⑤要約されているが出典がない。
　⑥原著のことばを十分に言い換えず、ほぼ書き写しただけの要約となっている。

　このような不適切な書き方をしていないだろうか。他者の知見を適切に踏まえ、引用をするときには必ず出典を示そう。原則、「孫引き」は避けよう。ただし、一次資料が存在しない場合や他者が別の他者の言をどう分析・解釈しているかを示したい場合には、孫引きをすることもある。また、本文の最後に、必ず参考文献リストをつけよう。引用の作法には詳細な規定がある。本文を書き終わっても気を抜かずに、時間をかけて引用箇所や出典の表記を確認しよう。

第9章
図表の扱いに自信がない

レポートや論文に図表を入れたが、
形式にきまりはあるのか…

図表に題をつけてみたが、わかりにくい気がする…

図表を通して伝えたいことが
読み手に伝わっているだろうか…

修正方法その1 図表の題を適切につける

最初の図表

(A)
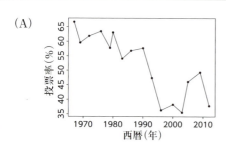

(B)

都道府県	生産量（t）
埼玉	825
神奈川	242
静岡	35800
三重	6510
京都	2710
奈良	2030
福岡	2330
宮崎	3400
鹿児島	23400

表1. 茶の生産量

(C) 表2. 諸外国の成人年齢

国名	成人年齢	選挙権年齢
アメリカ合衆国 （40州から回答）	18（37州） 19（2州） 21（1州）	18
イギリス	18	18
イスラエル	18	18
インドネシア	21	17
タイ	20	18
チリ	18	18
ドイツ	18	18
ノルウェー	18	18
フランス	18	18

(D)

図. 犬

図. 犬

❓ 図表の問題点

題がついていない

（A）では、そもそも図に何も題がつけられていない。ただ唐突に図表を載せるだけでは、読み手はそれが何を意味しているのかわからずに混乱してしまう。また、題がないと他の図や表と区別できなくなってしまう。

題が適切でない

（1）題が抽象的で具体性がない

表 1. 茶の生産量 (B)

➡ (B) では、表中で使われている抽象度が高い語句のみを使っていて、題が具体的な内容を示していない。茶の生産量に関する表は、他にも多く考えられる。

（2）題がその図表の内容と対応していない。

表 2. 諸外国の成人年齢 (C)

図. 犬 (D)

➡ (C) や (D) では、つけられている題が図表の内容と一致しておらず、何を示したいのかがわからない題になっている。

図表の通し番号がない

複数の図や表が使われているとき、本文のどの箇所と対応するのかわかりにくい。

題の位置が適切でない

（B）と（D）では図表の下に題がつけられている点が適切ではない。

❗ 図表に適切な題をつけよう

1 題の重要性

　図表につけられている題は、読み手にその内容を示すために非常に重要な部分である。そのため、一目見ただけでその図表が示す内容がわかるような題をすべての図表につける必要がある。

2 題に含めるべき情報

　すべての図とすべての表には、それぞれ通し番号をつける。題には、その図表の内容や項目名を示す端的な語句、キーワードを用いるとよい。どの語句を強調するかは論文の目的による。また、他の図表との区別を示す語句を題に用いる。以下に適切な題の例を示す。

　　例「1960年代における日本での大学新卒者就職率」
　　　「試薬投与後の細胞内カルシウム濃度の時間変化」

　上に示した2つの例のようにすると、題を見ただけで具体的な図表の内容や調査の観点がわかる。他の文献に掲載されている図表をそのまま引用する場合は、引用元の題を使い、「○○より引用」などのように題のそばに元の出典を示す。他の文献の情報をもとに自分で図表を作成する場合は、「○○をもとに作成」と記す。他の文献に掲載されている図表に加筆・修正する場合には、（筆者加筆）と記す。

3 題の位置

　APA書式では図表の上部に題を書くが、各書式によって図表の題の位置は異なる。なお、図表の作成方法に関しては、佐渡島・吉野（2008, p. 90）の「図や表を作る」という節を参照するとよい。

チェック・ポイント

- ☐ 図表の題は、図表の上につけた。
- ☐ 図表の題は具体的で他のすべての図表と区別できる。
- ☐ 図は図で、表は表で、通し番号をつけた。
- ☐ 他の文献に掲載されている図表を用いるときには出典を示した。

参考文献
佐渡島紗織・吉野亜矢子（2008）『これから研究を書くひとのためのガイドブック―ライティングの挑戦15週間』ひつじ書房

図表の題を書き直すと…

(A) 図1. 衆議院議員総選挙における20歳代の投票率の推移

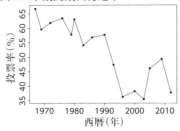

総務省「衆議院議員総選挙における年代別投票率の推移」http://www.soumu.go.jp/main_content/000255967.pdfをもとに作成

(B) 表1. 主要産地における平成21年産荒茶生産量

都道府県	生産量（t）
埼玉	825
神奈川	242
静岡	35800
三重	6510
京都	2710
奈良	2030
福岡	2330
宮崎	3400
鹿児島	23400

農林水産省（2011）「農林水産統計 平成21年産茶生産量」https://www.e-stat.go.jp/dbview?sid=0003050354をもとに作成

(C) 表2. 諸外国の成人年齢および選挙権年齢

国名	成人年齢	選挙権年齢
アメリカ合衆国（40州から回答）	18（37州）19（2州）21（1州）	18
イギリス	18	18
イスラエル	18	18
インドネシア	21	17
タイ	20	18
チリ	18	18
ドイツ	18	18
ノルウェー	18	18
フランス	18	18

法務省（2013）「諸外国における成年年齢等の調査結果」http://www.moj.go.jp/content/000012471.pdfをもとに作成

(D) 図1.「伏せ」をする犬　図2.「おすわり」をする犬

2 図表と本文の関係を整える

最初の文章

課題①：若者の政治への関心がどのように変化しているかを論ぜよ。

　若者の政治への関心は低下している。政治への関心と大きく関係する選挙の投票率から論じる。歴代の衆議院選挙における投票率の推移に着目すると、20歳代の投票率は低下傾向にある。さらに、1990年から2000年の間に政治への関心が低下する要因があったと推測される。以上から、若者の政治への関心は1990年を境に低下している。

図1. 衆議院議員総選挙における20歳代の投票率の推移

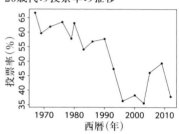

総務省「衆議院議員総選挙における年代別投票率の推移」http://www.soumu.go.jp/main_content/000255967.pdf をもとに作成

課題②：成人年齢を20歳から18歳に引き下げるべきか、海外の状況も踏まえて論ぜよ。

　日本政府は、成人年齢を20歳から18歳に引き下げるべきである。表1に、諸外国の成人年齢の一覧を示す。海外には、成人年齢が18歳の国が多くある。アメリカ、イギリス、ドイツなど多くの国が成人年齢を18歳としている。したがって、日本も同様に18歳を成人年齢とすべきである。

表1. 諸外国の成人年齢

国名	成人年齢
アメリカ合衆国（40州から回答）	18（37州） 19（2州） 21（1州）
イギリス	18
イスラエル	18
インドネシア	21
タイ	20
チリ	18
ドイツ	18
ノルウェー	18
フランス	18

法務省（2013）「諸外国における成年年齢等の調査結果」http://www.moj.go.jp/content/000012471.pdf をもとに作成

❓ 文章の問題点

図を使っていることに、本文中でまったく触れていない

20 歳代の投票率は低下傾向にある。(課題①・5〜6行目)

➡ 課題①において、用いた図に関連する記述「20 歳代の投票率は〜」は本文中にあるが、読み手に図を参照させるように促す案内文が含まれていない。そのため、読み手はいつどの図を見ればよいかわからない。

図表の解釈が書かれているが、本文の流れに組み込まれていない

さらに、1990 年から 2000 年の間に政治への関心が低下する要因があったと推測される。(課題①・6〜9行目)

➡ 課題①の「さらに、1990 年から〜」では、図の解釈が本文中に書かれているが、それまでの本文の論の流れと合致していない。そのため、何のために図を参照したのか読み手にわかりにくい。

図表における着目点を説明していない

海外には、成人年齢が 18 歳の国が多くある。アメリカ、イギリス、ドイツなど多くの国が成人年齢を 18 歳としている。(課題②・4〜7行目)

➡ 課題②では、「表 1 に、諸外国の成人年齢の一覧を示す。」(2〜3行目) と表を参照するよう読み手に促す一文が含まれている。しかし、その案内文の後「海外には、〜」では、表のどこに着目してほしいのかを十分に説明していない。

❗ 図表と本文の関係を整えよう

1 図表を参照するように促す案内文を書く

　自分の論を述べるとき、図表は視覚的に説得力を増すために大きな役割を果たす。読み手にわかりやすい図表を文章中の適した箇所に配置し、読み手にそれを案内して見てもらうことで、文章だけでは伝えることが難しい情報を読み手に示すことができる。図表を用いる場合には、必ず本文中に「図1に○○を示す。」などのように、図表を参照するように読み手に促す案内文を加える。案内文を書くことで、いつその図表を参照すべきかを読み手に示し、自分の論を的確に述べることができる。

2 図表の中の着目点を示す

　案内文を示しただけでは、読み手が図表の内容を十分に理解することは難しい。さらに、情報量が多い図表の場合は、読み手が図表の着目点で混乱してしまい、かえって論の流れを邪魔してしまう可能性がある。項目の名前や実数を本文の中に書く。例えば、課題①では「1990年までは、20歳代の投票率は50%を上回っていた。」などと記す。

3 着目したところに対する解釈を書く

　図表の中の着目点を示した後に、図表から読み取れる事柄や読み手に着目してほしい事柄を具体的に解説する。例えば、課題①では「投票率は1990年を境に下降している。」という説明文を加えれば、読み手はその図表をどのように解釈すればよいのかがはっきりとわかる。

チェック・ポイント

- ☐ 図表を参照させるための案内文を本文中に入れた。
- ☐ 図表の着目点を本文中に記述した。
- ☐ 図表から読み取れる事柄を本文中に丁寧に記述した。

図表と本文の関係を整えると…

課題①

若者の政治への関心は低下している。政治への関心と大きく関係する選挙の投票率から論じる。**図1**に衆議院選挙の20歳代の投票率の推移を示す。1990年までは、20歳代の投票率は50%を上回っていた。しかし1990年を境に投票率が急激に下降し、40%を下回った。2000年代から投票率が上昇したが50%には届かず、2010年以降は再び40%以下になった。このように、20歳代の投票率は低下傾向にある。そのため、若者の政治への関心は低下している。さらに、1990年から2000年の間に投票率が急激に下降しており、この期間に政治への関心が低下する要因があったと推測される。以上から、若者の政治への関心は1990年を境に低下している。

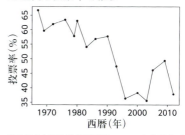

図1. 衆議院議員総選挙における20歳代の投票率の推移

総務省「衆議院議員総選挙における年代別投票率の推移」http://www.soumu.go.jp/main_content/000255967.pdf をもとに作成

課題②

日本政府は、成人年齢を20歳から18歳に引き下げるべきである。海外には、成人年齢が18歳の国が多くある。表1は、**法務省(2013)**の調査による主要な国の成人年齢を示している。表1によれば、イギリス、ドイツ、フランスなどヨーロッパの多くの国は成人年齢を18歳としていることがわかる。また、アメリカでも調査に回答した40州の大半である37州が、成人年齢を18歳としている。欧米を中心とした多くの国が18歳を成人年齢としていることが表1からわかった。したがって、日本も同様に18歳を成人年齢とすべきである。

表1. 諸外国の成人年齢

国名	成人年齢
アメリカ合衆国（40州から回答）	18（37州） 19（2州） 21（1州）
イギリス	18
イスラエル	18
インドネシア	21
タイ	20
チリ	18
ドイツ	18
ノルウェー	18
フランス	18

法務省(2013)「諸外国における成年年齢等の調査結果」http://www.moj.go.jp/content/000012471.pdfをもとに作成

COLUMN

参考になるウェブサイト(日本語)

　日本語アカデミック・ライティングに役立つウェブサイトを紹介する。

　次の二つのウェブサイトは、研究課題の調査と分析方法を紹介している。また、論文の執筆について、構想段階、引用の仕方やさまざまな言語の参考文献の挙げ方、要約の仕方、脚注、図表のつけ方などを紹介している。

◆立命館大学「論文・レポートの書き方」
　https://www.ritsumei.ac.jp/ir/ir-navi/assets/file/technic/technic01.pdf

◆東京外国語大学「大学生のためのアカデミックライティング」
　http://www.tufs.ac.jp/ts/personal/mkeiko/wordpress/wp-content/uploads/2014/05/0e2f4bde9ee2a5213a23f5cf8aabfe27.pdf

　検索可能な分野や用語数は限られているが、国立情報学研究所によるオンライン学術用語集も参考になる(公開終了)。次の方法で旧オンライン学術用語集が使える。「J-GLOBAL(科学技術総合リンクセンター)」https://jglobal.jst.go.jp/ →タブ「科学技術用語」を選択。→用語を検索。

＊リンク切れの場合、上記のタイトルで検索することをお勧めする。

リンク先は2024年2月時点

第 10 章
英語部分が心配

日本語の要旨をもとに英語で要旨を
書いてみたけれど、これでよいのだろうか…

英語の題をつけてみたけれど、
意味が通じるだろうか…

英語の参考文献リストは
日本語とは違うのだろうか…

英文要旨を書く

The Effects of Peer Feedback
— An Investigation into Student Writing —

Studies have revealed the positive effects of peer feedback on academic writing. However, there is little empirical research on the aspects of writing that are improved through peer feedback. The present study focuses on peer feedback among Japanese university students writing an English essay. Twenty Japanese university students studying English participated in this study. They were asked to write a 500-word essay and give feedback on each other's essay in pairs. After the feedback activity, they were asked to revise their essays based on the feedback received from their peers. The first drafts, revised essays, and feedback were collected and analyzed in terms of four dimensions, namely, *content, organization, language use*, and *mechanics*. Analysis of the feedback given by students indicates that there tends to be more feedback on *content* and *language use*, and less on the *organization* and *mechanics* of the essays. (143 words)

Keywords: academic writing, English language learner, feedback comment, Japanese university student

❓ 文章の問題点

研究目的を明確に示していない

The present study focuses on peer feedback among Japanese university students writing an English essay.

➡ 本研究の目的が明確に示されていない。「日本人大学生を対象としたピア・フィードバックに着目する。」というだけでは、どのような目的で何を明らかにするために研究が行われたのか不明確である。要旨には、研究目的を必ず明示しなくてはならない。

主要な研究結果を示していない

Analysis of the feedback given by students indicates that there tends to be more feedback on *content* and *language use*, and less on the *organization* and *mechanics* of the essays.

➡ フィードバック・コメントの分析結果は示されているが、初稿と書き直し後の文章を比較した結果が示されていない。主要な研究結果を記すことによって、研究の成果を読み手に伝えることが重要である。

結論を示していない

➡ この要旨では結果を少し記述しているが、研究から導かれる結論（Implication）が示されていない。研究で明らかになった結果をもとに結論を示すことによって、研究の貢献や意義をより明確に提示することができる。

キーワードが適切ではない

Keywords: academic writing, English language learner, feedback comment, Japanese university student

➡ この研究において重要となる「ピア・フィードバック」（peer feedback）がキーワードとして挙げられていない。関連する先行研究を探している読み手に、自分の論文を読んでもらうためにも、研究において重要な語句は必ずキーワードとして提示する。なお、論文の投稿規定によっては、キーワードの数が定められているので確認する。

❗ 英文要旨を書いてみよう

1 要旨とは

要旨 (abstract) とは、著作物に関する主要な事柄を簡潔にまとめた短い記述である。通常、要旨は研究に関する著作 (論文など) や講演をもとに執筆され、学術雑誌や要旨索引に掲載される。

2 要旨の書き方

提出先や目的 (大学が学位論文を受け取るとき、学会で査読付きの発表申し込みを行うときなど) によって、要旨の書き方に関する規定が異なる場合がある。要旨では、以下に挙げる事柄を簡潔かつ明確に示す。文数は200語程度の要旨を書く場合の目安である。

◆ **研究の背景・先行研究**＊ (Research background/Literature review)
　1〜3文 ＊すべての要旨に含まれるとは限らない
　A number of studies have investigated/reported that … / Previous studies have revealed/showed … / Little is known about…

◆ **研究目的** (Purpose of study) **1文**
　The aim/purpose of this study/research is … / The present/current study aims to investigate … / This paper reports …

◆ **研究方法** (Method) **1〜2文**
　XYZ method/approach/analysis was employed/used/chosen…

◆ **研究結果** (Results) **2〜3文**
　Analysis of XYZ revealed/indicated… / The results showed …

◆ **結論** (Implication) **1文**
　The results imply/suggest that … / It is suggested/concluded that …

チェック・ポイント

☐ 要旨に研究目的と方法が簡潔かつ明確に書かれている。
☐ 要旨に研究結果と結論が簡潔かつ明確に書かれている。

英文要旨を書き直すと…

The Effects of Peer Feedback
— An Investigation into Student Writing —

Studies have revealed the positive effects of peer feedback on academic writing. However, there is little empirical research on the aspects of writing that are improved through peer feedback. **One purpose of this study is to examine which aspects of an essay Japanese university students provide peer feedback on. The other purpose of this study is to examine which aspects of their essays students revise upon receiving feedback.** Twenty Japanese university students studying English participated in this study. They were asked to write a 500-word essay and give feedback on each other's essay in pairs. After the feedback activity, they were asked to revise their essays based on the feedback received from their peers. The first drafts, revised essays, and feedback were collected and analyzed in terms of four dimensions, namely, *content*, *organization*, *language use*, and *mechanics*. Analysis of the feedback given by students indicates that there tends to be more feedback on *content* and *language use*, and less on the *organization* and *mechanics* of the essays. **Results of the comparison between first drafts and revised essays showed that students were able to (1) improve the *content* of their essays through the use of concrete examples and (2) improve *language use* with better grammar and vocabulary. On the other hand, no observations were made in improvement of *organization*. This result suggests that in order to bring about improvement in *organization*, there is a need for instructors to provide feedback on students' writing.** (242 words)

Keywords: academic writing, English language learner, feedback comment, Japanese university student, **peer feedback**

修正方法その2　英文の題をつける

【英語の題】
The Effects of Peer Feedback ― An Investigation into Student Writing ―
【日本語の題】
ピア・フィードバックの効果 ― 学生の文章調査 ―

❓ 題の問題点

主題がわかりにくい

"The Effects of Peer Feedback"（ピア・フィードバックの効果）
➡ 指し示す範囲が広く抽象的であるため、具体的にどのような研究を行ったのか（研究テーマや調査対象）が読み手に伝わりにくい。研究内容を明確に伝えるために、当該研究におけるキーワードを使って主題をつけるとよい。

副題が適切でない

"An Investigation into Student Writing"（学生の文章調査）という副題には、3つの問題がある。
1. 専門用語やキーワードが正確に使えていない
➡ 論文の中で重要になる語句を副題で示し、論文の焦点を明確に示すとよい。
2. 研究の内容を正しく伝えられていない
➡ 本論文は、英語を勉強している日本人大学生のエッセイに対するフィードバックを研究したという内容である。よって、student ではなく、Japanese university students と具体的に述べるとよい。同様に、writing ではなく、English academic writing と具体的に示すとよい。
3. 副題を示す記号が間違っている
➡ 英語の副題を示すときにはコロン（：）を使う。ダッシュ（―）は日本語の副題を示すときに使われる記号である。なお、副題をつけずに、主題のみを用いて題をつけてもよい。

❗ 英文の題をつけてみよう

題を見ただけで研究内容が読み手に明確に伝わるような題をつけよう。英文要旨の主題文をもとにして、キーワードを用いて題を作る方法を紹介する。

1 英文要旨をもとに英文の題をつける

(1) 英文要旨に示されている主題文(または研究目的)に着目する

今回の論文では、"The present study focuses on peer feedback among Japanese university students writing an English essay." が主題文である。

(2) 主題文に含まれる事柄を、主題と副題に分ける

主題文をより抽象的な部分(主題)とより具体的な部分(副題)に分けて題を作る。その際に、研究のキーワードを題で示し、略語の使用は避ける。理工系分野などでは副題を用いない場合があるので、自分の研究分野の論文を確認するとよい。今回の主題文で主題となるのは、より抽象的な部分 "The present study focuses on peer feedback" であり、キーワードは "peer feedback" である。また、"academic writing"、"English language learner"、"Japanese university students" もキーワードなので、主題または副題で示すとよい。

(3) 主題と副題をコロン(:)で分ける

主題と副題の間にコロンを示す。題は中央揃えにする。各単語の頭文字のみを大文字にして、前置詞と冠詞の頭文字は小文字にする。ただし、投稿先の規定に則って題を示す必要があるため、各自で投稿規程を確認するとよい。題に傍線をつけたり、題を引用符で括ったりはしない。

(4) 和文の題と比較する

(1)〜(3)の手順で作った英語の題を日本語に翻訳する。もともとつけられた和文の題と意味が合っているかを確認する。

チェック・ポイント

- ☐ 英文の題は英文または和文の主題文を反映している。
- ☐ 英文の題で研究テーマを具体的に述べている。
- ☐ 英文の題が和文の題と合っている。

 **英文の題を書き直すと…**

1. 主題と副題からなる題

(1) **A Study on** the Effects of Peer Feedback **in English Academic Writing : A Case of Japanese University Students**

(2) The Effects of Peer Feedback **in Academic** Writing : An Analysis of Japanese University Students' English Essays

(3) **An Assessment of** Peer Feedback **in Academic** Writing : **An Investigation of Japanese University Students Learning English**

2. 主題のみからなる題

(4) **A Study on** the Effects of Peer Feedback **on English Academic** Writing **of Japanese University Students**

(5) **The Impact of** Peer Feedback **on English Academic** Writing **of Japanese University Students**

(6) **Evaluating** Peer Feedback **in the Case of Japanese University Students' English Essay** Writing

3. 独創的な題

独創的な題をつけると読み手の関心を惹きつけることができる。独創的な題をつける際には、疑問文を使ったり、当該研究分野で頻繁に議論になるテーマや語句を使ったり、主要な結果を反映させたりする方法がある。

(7) **What Are** the Effects of Peer Feedback **on Academic** Writing? **A Case Study of Japanese University Students' English Essays**

(8) **How Effective is** Peer Feedback? **An Investigation of Japanese University Students' English** Writing

(9) **Becoming a Better Writer through** Peer Feedback : **A Comparison of First and Final Essays of Japanese University Students**

(10) **Improving Japanese University Students' Academic Essay** Writing **through** Peer Feedback

修正方法その3 英語参考文献リストをつける

1 参考文献とは

　学術的文章を書く際に引用した文献や要約して紹介した文献は「参考文献」と呼ばれる（「引用文献」ともいう）。参考文献は、本文中、および、参考文献リストとして文章の最後で示さなければならない。参考文献を示す目的は2つある。一つ目は、自分の言と他者の言を明確に区別し、他者の知的所有権を守るためである。自他の言を区別することによって、剽窃を避けることにもなる。二つ目は、参考文献を示すことによって、文章に書かれてある事柄が元の文献内容を適切に反映しているかどうかを、読み手が文献をあたって確認できるようにするためである。

2 参考文献の示し方

　参考文献の示し方は、「著者年（Author-Date）方式」と「脚注（Footnote）方式」の二種類に分けられる。著者年方式では、本文の中で文献情報の一部を示し、詳細な書誌情報を参考文献リストとして文章の最後に示す。一方、脚注方式では、本文の中に注番号を記し、脚注または参考文献リストに書誌情報を記述する。

　参考文献にはさまざまな書式があり、先生（授業担当者、指導教官）、学部、研究分野、学術雑誌によってさまざまに異なる。そのため、書き手は自身の分野や投稿先の学術雑誌でどの書式が使われているかを確認する必要がある。特に指定がない場合には、どれか一つの書式を選び、文章の中で一貫した作法を用いて参考文献を示す。

　次ページでは、英語で学術的文章を書く上で頻繁に使われる3つの書式を紹介する。それぞれの書式に関するマニュアルを参考にしながら書くとよい。

❶ American Psychological Association（略称 APA）米国心理学会
　　Publication Manual of the American Psychological Association（第7版）
❷ Modern Language Association of America（略称 MLA）米国現代語学文学協会
　　MLA Handbook for Writers of Research Papers（第9版）
❸ University of Chicago（略称 Chicago）シカゴ大学
　　The Chicago Manual of Style（第17版）

❶ APA (American Psychological Association) 書式の書き方

(1) 参考文献リストを載せる際に、リストの上に References と記す。
(2) 著者名の姓 (last name) で、アルファベット順に参考文献を並べる。
(3) 著者名は姓 (last name) の後にカンマ (,) を打ち、first name と middle name をイニシャル＋ピリオド (.) で示す。
　　例　Mary Jane Smith → Smith, M. J.
(4) 一つの文献が2行以上になるときは、2行目以降の左端を3～5文字ほど右にインデントする。

●── 本の場合

> 著者名 . (発行年) . *本の題* . 出版社 .

1) 著者が一人の場合
▶ Anderson, I. (2007). *This is our music: Free jazz, the sixties, and American culture.* University of Pennsylvania Press.

2) 著者が二人以上いる場合
▶ Kogan, H., & Wendt, L. (1958). *Chicago: A pictorial history.* Dutton.

3) 編集された本の場合
▶ 編者が一人の場合は (Ed.). 編者が複数いる場合は (Eds.). と示す。
　Gilbert, S. M., & Gubar, S. (Eds.). (1986). *The female imagination and the modernist aesthetic.* Gordon.

●── 学術論文の場合

学術雑誌の題、巻 (volume) は斜体で示し、号 (issue) は (　) に入れるが斜体にしない。出版社は書かなくてよい。掲載ページには pp. をつけない。

> 著者名 . (発行年) . 論文の題 . *学術雑誌の題* , *巻* (号), 頁 - 頁 .

▶ Breazeale, D. (1981). Fichte's *Aenesidemus* review and the transformation of German idealism. *Review of Metaphysics, 34* (3), 545-568.

● ── ウェブサイトの場合

著者名がわからない場合には、ウェブサイトの題を発行年の前に記す。

> 著者名.(発行日). *ウェブサイトの題*. 発行機関. URL

▶ Eaves, M., Essick, R., & Viscomi, J. (Eds.) (2023, December 20). *The William Blake archive*. Library of Congress. http://www.blakearchive.org/blake/

❷ MLA (Modern Language Association) 書式の書き方

(1) 引用文献リストを載せる際に、リストの上に Works Cited と記す。
(2) 著者名の姓 (last name) で、アルファベット順に引用文献を並べる。
(3) 著者名は姓名の順に、省略せずに示す。姓の後にカンマ (,) をつけて、その後に名 (first name) を記す。middle name は、イニシャルのみ書く。
　　例　Mary Jane Smith → Smith, Mary J.
(4) 著者が複数いる場合には、一人目の著者名は 姓 , 名 の順で記し、二人目以降は 名姓 の順になる。一人目の著者名の後にカンマ (,) と and をつける。
(5) 出版社名と発行機関は略称を用いて表記する。
(6) 出版社がある都市名は、1900 年以前に出版された場合、複数の国に出版社がある場合、または北米の出版社ではない場合にのみ記載する。

● ── 本の場合

> 著者名. *本の題*. 出版社がある都市名：出版社 , 発行年.

1) 著者が一人の場合
▶ Anderson, Iain. *This Is Our Music: Free Jazz, the Sixties, and American Culture*. U of Pennsylvania P, 2007.

2) 著者が二人以上いる場合
▶ Kogan, Herman, and Lloyd Wendt. *Chicago: A Pictorial History*. Dutton, 1958.

3) 編集された本の場合
▶ Gilbert, Sandra M., and Susan Gubar, editors. *The Female Imagination and the Modernist Aesthetic*. Gordon, 1986.

● ── 学術論文の場合

論文の題に" "をつけ、雑誌名は斜体にする。掲載ページには pp. をつけて、pp.145-58と示す。電子文献を参照した際は閲覧日を示すことが推奨される。

> 著者名 . "論文の題 ." *学術雑誌の題* , 巻 , 号 , 発行年 , 頁 - 頁 .

▶ Breazeale, Daniel. "Fichte's *Aenesidemus* Review and the Transformation of German Idealism." *Review of Metaphysics*, vol. 34, no. 3, 1981, pp. 545-68.

● ── ウェブサイトの場合

> 著者名 . *ウェブサイトの題* . 発行機関 , 発行日 , URL . 閲覧日 .

▶ Eaves, Morris, Robert Essick, and Joseph Viscomi, eds. *The William Blake Archive*. Lib. of Cong., 20 Dec. 2023, http://www.blakearchive.org/blake/. Accessed 7 Feb. 2024.

❸ Chicago 書式 (The Chicago Manual of Style) の書き方

(1) 参考文献リストを載せる際に、リストの上に Bibliography と記す。
(2) 著者名は姓名の順に、省略せずに示す。姓の後にカンマ (,) をつけて、その後に名を記す。middle name は、イニシャルのみ書く。
(3) 著者が複数いる場合には、一人目の著者名は 姓、名 の順で記し、二人目以降は 名姓 の順になる。一人目の著者名の後にカンマ (,) と and をつける。
(4) 参照した電子文献の発行日や更新日が不明な場合には閲覧日を示す。

● ── 本の場合

> 著者名 . *本の題* . 出版社がある都市名 : 出版社 , 発行年 .

1) 著者が一人の場合
▶ Anderson, Iain. *This Is Our Music: Free Jazz, the Sixties, and American Culture*. Philadelphia: University of Pennsylvania Press, 2007.

2) 著者が二人以上いる場合
▶ Kogan, Herman, and Lloyd Wendt. *Chicago: A Pictorial History*. New York: Dutton, 1958.

3) 編集された本の場合
- ▶ Gilbert, Sandra M., and Susan Gubar, eds. *The Female Imagination and the Modernist Aesthetic.* New York: Gordon, 1986.

●── 学術論文の場合

論文の題に" "をつけ、学術雑誌の題は斜体にする。論文の掲載ページを示すときには pp. はつけず、145-58と示す。

| 著者名 . "論文の題 ." *学術雑誌の題* 巻 , 号 (発行年): 頁 - 頁 . |

- ▶ Breazeale, Daniel. "Fichte's *Aenesidemus* Review and the Transformation of German Idealism." *Review of Metaphysics* 34, 3 (March 1981): 545-68.

●── ウェブサイトの場合

| 著者名 . "ウェブサイトの題 ." 発行機関 , 発行日 . URL. |

- ▶ Eaves, Morris, Robert Essick, and Joseph Viscomi, eds. "The William Blake Archive." Library of Congress, 2007. http://www.blakearchive.org/blake/.

● 日本語文献を英語参考文献リストで示そう

(1) 著者名と出版社名をローマ字で示す。
(2) 文献の題をローマ字で示し、その隣に翻訳した題を書き、[　]で括る。
次の日本語文献を参考文献リストで示すと以下のようになる。

　　　佐渡島紗織・吉野亜矢子 (2008)『これから研究を書くひとのためのガイドブック―ライティングの挑戦15週間―』ひつじ書房

●── APA 書式

- ▶ Sadoshima, S., & Yoshino, A. (2008) . *Korekara kenkyu wo kakuhito no tameno guidebook: Writing no chosen 15 shukan [A guidebook for those who are about to write a paper: 15 weeks of writing challenges].* Hitsuji Shobo.

● MLA 書式

▶ Sadoshima, Saori, and Ayako Yoshino. *Korekara Kenkyu wo Kakuhito no Tameno Guidebook: Writing no Chosen 15 Shukan [A Guidebook for Those Who Are About to Write a Paper: 15 Weeks of Writing Challenges]*. Tokyo: Hitsuji Shobo, 2008. Print.

● Chicago 書式

▶ Sadoshima, Saori, and Ayako Yoshino. *Korekara Kenkyu wo Kakuhito no Tameno Guidebook: Writing no Chosen 15 Shukan [A Guidebook for Those Who Are About to Write a Paper: 15 Weeks of Writing Challenges]*. Tokyo: Hitsuji Shobo, 2008.

チェック・ポイント

☐ 本文で引用または要約した文献を、参考（引用）文献リストで示した。
☐ 本文で参考文献の書き方が、著者年／脚注方式で一貫している。
☐ 参考文献リストで示した書誌情報から、元の文献を探すことができる。

COLUMN

参考になるウェブサイト（英語）

英語アカデミック・ライティングに役立つウェブサイトを紹介する。

パデュー大学（Purdue University）のオンライン・ライティング・ラボ（OWL: Online Writing Lab）は、アカデミック・ライティングの基本や構成の仕方を紹介している。

◆パデュー大学　OWL
　https://owl.english.purdue.edu/owl/

マンチェスター大学（University of Manchester）のアカデミック・フレーズバンク（Academic Phrasebank）は、文章の学術的な表現方法、文章の効果的なつなげ方などを分類して紹介している。

◆マンチェスター大学「アカデミック・フレーズバンク」
　www.phrasebank.manchester.ac.uk/

英語の単語や表現がわからない場合は、英辞郎（https://eow.alc.co.jp/）やWeblio（http://ejje.weblio.jp/）という無料対訳検索サービスを使って調べることができる。同じ単語や表現の繰り返しを避けるためには、同義語（類義語）を辞書で調べることが重要である（www.thesaurus.com/）。

＊リンク切れの場合、上記のタイトルで検索することをお勧めする。

リンク先は2024年2月時点

執筆者一覧 （執筆者の所属は刊行時の情報である。）

第1章
 1 大嶋えり子（早稲田大学政治経済学術院助手、早稲田大学大学院政治学研究科博士後期課程）
 2 大森優（早稲田大学日本語教育研究センター非常勤インストラクター）
 3※崔紗華（早稲田大学グローバルエデュケーションセンター助手、早稲田大学大学院政治学研究科博士後期課程）、東アジア国際関係史。
コラム 梅沢侑実（早稲田大学大学院人間科学研究科博士後期課程）

第2章
 1 渋谷ときは（女子美術大学非常勤講師）
 2※外村江里奈（早稲田大学グローバルエデュケーションセンター助教）、社会哲学。
 3 森村将平（早稲田大学大学院経済学研究科博士後期課程）
コラム 武谷慧悟（早稲田大学商学学術院助手）

第3章
 1 安藤汐美（早稲田大学大学院教育学研究科修士課程）
 2 田部渓哉（早稲田大学大学院商学研究科博士後期課程）
 3※六反田千恵（長谷川逸子・建築計画工房株式会社）、建築史。
 4 木元浩一（早稲田大学大学院経済学研究科博士後期課程）
コラム 渋谷紗代（早稲田大学大学院人間科学研究科修士課程）

第4章
 1～3 中島宏治（早稲田大学グローバルエデュケーションセンター助手）、認知科学。
   田村奈穂子（早稲田大学大学院文学研究科博士後期課程）
   福本泰起（早稲田大学大学院政治学研究科博士後期課程）
コラム 小川寛貴（早稲田大学大学院政治学研究科博士後期課程）

第5章
 1～2※武谷慧悟（早稲田大学商学学術院助手）、マーケティング。
   峯尾圭（早稲田大学商学学術院助手）
   伊吹香織（早稲田大学日本語教育研究センター非常勤インストラクター）
コラム 嶋田大海（早稲田大学大学院国際コミュニケーション研究科修士課程）

❖は全体の編集者
❖は各章の編集者

第6章
 1 南雲勇多（早稲田大学大学院文学研究科博士後期課程）
 2 加藤丈太郎（特定非営利活動法人 ASIAN PEOPLE'S FRIENDSHIP SOCIETY 代表理事）
 3 ❖我妻靖（早稲田大学大学院経済学研究科博士後期課程）、ミクロ経済学・ゲーム理論。
コラム 岩田優子（早稲田大学大学院アジア太平洋研究科博士後期課程）

第7章
 1 ❖佐渡島紗織（早稲田大学国際学術院教授）
 2 ❖坂本麻裕子（早稲田大学グローバルエデュケーションセンター助教）
 3 ❖大野真澄（慶應義塾大学法学部専任講師）
コラム 尾崎友泉（早稲田大学大学院国際コミュニケーション研究科修士課程）

第8章
 1 千仙永（早稲田大学大学院日本語教育研究科博士後期課程）
  渡寛法（早稲田大学グローバルエデュケーションセンター助手）
 2 ❖島林孝樹（独立行政法人国立公文書館統括公文書専門官室 公文書専門官）、国際関係学。
 3 加藤ひさの（LEC会計大学院兼任講師）
コラム 荻野禎之（早稲田大学大学院先進理工学研究科博士後期課程）

第9章
 1〜2 ❖荻野禎之（早稲田大学大学院先進理工学研究科博士後期課程）、生物物理化学。
  野﨑雅子（早稲田大学大学院社会科学研究科博士後期課程）
  久本峻平（早稲田大学大学院先進理工学研究科博士後期課程）
コラム Diana Kartika（早稲田大学大学院アジア太平洋研究科博士後期課程）

第10章
 1 ❖Diana Kartika（早稲田大学大学院アジア太平洋研究科博士後期課程）、国際関係学。
  Angela Pei-chun Han 韓沛君（明治学院大学教員）
 2 Petra Karlova（早稲田大学グローバルエデュケーションセンター助手）
 3 Diego Oliveira（早稲田大学大学院国際コミュニケーション研究科博士後期課程）
コラム Diana Kartika（早稲田大学大学院アジア太平洋研究科博士後期課程）

索引

A〜Z

APA (American Psychological Association) 書式　110, 134, 137
Bibliography　136
Chicago 書式 (The Chicago Manual of Style)　112, 136, 138
Digital Object Identifier (DOI)　136
IEEE (Institute of Electrical and Electronics Engineers) 書式　113
MLA (Modern Language Association) 書式　111, 135, 138
MLA Handbook for Writers of Research Papers　133
Publication Manual of the American Psychological Association　133
References　134
Works Cited　135

あ

曖昧な語句　35, 36
曖昧な用語　21
アウトライン　8
扱うテーマ　4
後から修正　50
穴　60
アピール　59
案内文　121, 122
言いたいことをどう整理していいか　71
息切れ　70
意見が羅列　7
一義　50
一重の問い　22
一番言いたいこと　91
一文一義　50
一文多義　50
一貫　88
意味範囲の重複する語句　31
イメージ　40
いろいろな言葉を使ってみた　29
いろいろな立場　17
印象　70
引用　44, 68, 99, 103, 107, 114, 118
引用の仕方　101, 108, 124
引用符　101, 102
引用文献　133, 135
引用文献リスト　111, 135
ウェブサイト　124, 135, 136, 137, 139
英語参考文献リスト　137
英語で要旨を書いてみた　125
英語の題をつけてみた　125
英語の単語　139
英文の題　131, 132
英文要旨　131
エピソード　96
思いつき　54
折り合い　98
おわりに　81
音読　14
オンライン学術用語集　124

か

〜化　36
概念　32
概念の定義　67, 68
書き写す　114
書き言葉　84
書きすぎた　60
書きたい内容　4, 5
書き手が伝えたい意味　36
書き手の意図　73

書き手の意図と異なる読み方	35		研究方法	128
学術用語集	124		研究目的	127, 128
学術論文	134, 136, 137		原語	64
書けそうな内容	4, 5		検証可能	22
過去と現在と将来	50		原著	114
箇条書き	4		語彙	84
課題	28		構想段階	124
課題に答える	22		声に出して	14
片仮名語	61, 63, 64		呼応	8
仮の締切	98		語句	31, 32
～観	36		語句の意味	67
漢語	64		語句の重複	58
漢字	70		語句の定義	68
間接引用	102		誤字脱字	70
完璧主義	98		個人的な意見	43
関連文献	18		個人的な経験に基づいて	43
キーワード	5, 31, 118, 127, 130, 131		こと	36
キーワードを整理	4, 32		異なる語句	31
期限	58		ことばの誤用	14
擬似相関	22		語・内容に対する理解	63
脚注	103, 133		固有名詞	70
脚注方式	103, 112, 113, 133		コロン（：）	58, 130, 131
キャッチーな表現	59		根拠	43, 44, 73
議論すべき点	8		根拠が不十分	25
均質な論点を並列させる	78		今後の研究に向けての展望	88
空間の区切り	50			
具体的で正確な記述	40		**さ**	
具体的で正確な議論	40		細分化させた論点	96
具体的な語句	36		指し示す内容の範囲	32
具体的な数値	43, 44		指し示す名詞	36
ぐちゃぐちゃして	85		参考文献	18, 133, 134
計画	58		参考文献リスト	101, 103, 110, 112
結論	81, 127, 128			113, 114, 133, 134, 136, 137
原因と結果	50		参考文献リストはどう書いたらよい	99
原因や理由	22		賛成	17, 18
研究結果	127, 128		シカゴ書式	112
研究の限界	88		指示	28
研究の問い	21		指示代名詞	35, 36
研究の内容を表す用語	82		辞書	139
研究の背景・先行研究	128		字数	28, 60
研究の要素を表す用語	82		自他の言を明確に区別	107

実証性の有無	54	節の中身	81, 82
実数や実名	96	是非	22
実態	22	先行研究	43, 44
視点	12	先行研究の示し方	26
自分の考えを控えめに表現した	29	先行研究を分析する	25
自分の論考の焦点	68	先行研究を読む	25
自分の論と他者の論	44	全体の構成	96
締切	98	全体の要旨	92
周囲の意見	46	専門用語	61
修飾部分	49	専門用語の解説	46
授業課題	18		
主語と述語	50		

た

主体	49, 50	大事な語句	31
主題	130, 131	対象の範囲	21
主題と副題の関係	58, 59	題の位置	117
主題文	131	題の重要性	118
主張がわかりにくい	95	題の役割	58
主張と根拠	50	他者の目	46
出題者の意図	28	立場	15, 18
出典	101, 102, 103, 107, 108, 114, 118	立場や意見	43
		ダッシュ（―）	58, 130
詳細に論じる	12	多様な立場	17
省略形	63	だらだらした文章	47
書式	102, 110, 112, 113	誰かに読んでもらう	46
書式に関するマニュアル	133	断定する強い言葉で主張を述べてみた	29
書誌情報	110, 111, 112, 113, 133		
序論	12, 81	段落	91, 92
資料を紹介	88	段落と段落の関係	77
信頼	98	段落の中身	85
図表の題、通し番号	117, 118	知見	114
図表と本文の関係	121, 122	知識	18
図表や画像	44	知的所有権	102, 133
図表を参照・引用する	118, 122	抽象度	82
～性	36	抽象度の調節	96
成果報告	98	抽象度の混在	95
制限時間	98	抽象論	54
正式名称	64	中心文	58
接続表現の後ろの文	74	注番号	103, 112, 133
接続表現の機能	74	直接引用	102
接続表現の使い方	73	著者年方式	102, 110, 111, 133
節同士が並列な関係	82	使い分ける必要のある語句	32

続けて読む	92
綴り	70
定義	68
提出先	46
データ収集法	88
〜的	36
的確な比喩	40
電子文献	136
問いの種類	22
同音異義語	70
同音語	139
統括した文	92
統計	43, 44
投稿論文	60
到達点	11
独自性	25
独創的な題	132
独断	43
どこが焦点なのか	1
トピック・センテンス	92

な

内容が絞りきれて	3
内容がだんだんずれて	1, 7, 8
内容の整理	88
内容の不適切さ	14
内容を三回繰り返す	88
長い文章を引用する	107
中身とまとめ	87
流れの悪い文章	71
何が言いたいことか	1
二重の問い	21
日本語訳	64
入力ミス	70

は

はじめとまとめ	87
はじめに	12, 81
発見	114
発明	114
話し言葉	84
パラグラフ	78, 92
バランス	88
範囲	3, 12
必要性	22
批判を受ける	46
比喩	39, 40
比喩が適切	46
比喩を入れた	29
表	117, 118, 121
評価	28
表記の間違い	14
表記の揺らぎ	70
表現	31, 32
剽窃	25, 101, 102, 114
剽窃を避ける	102, 133
表の題	118
フォーマット	28
復習	88
複数のキーワード	31
複数の主体	49
複数の定義	68
副題	130, 131
副題のつけ方	57
不自然	70
付箋	28
不要な語句	35, 36
ブラケット	113
フリー・ライティング	4
プリントアウト	70
ブロック引用	107, 108
文がねじれている	49
文献	18, 28, 43, 101, 102, 118, 133
文献から引用	54
文献に目を通す	4
文献を使ってみた	99
文献を読み込む	44
文章から離れる	4
文章校正機能	70
文章全体の目的	12
文章の中身	58

文章の分量	4
文章をかたまりで引用したい	99
文同士の関係	74
文と文のつながり方	49
文の順序	50
文の並べ方	96
文のねじれ	14
文の役割	50
文脈に合わない比喩	39, 40
文を独立させる	50
米国現代語学文学協会	133
米国心理学会	133
冒頭	12
方法	88
本質的な問題	18
本質を捉えていない比喩	39, 40
翻訳した題	137
本論の構成	88

ま

マインド・マップ	4
前置き	50
孫引き	114
ミス	70
見出しの抽象度	81, 82
見出しの表現	81, 82
無自覚に書き連ねる	91
無料対訳検索	139
メモ	28
目的	88
目的が見えない	11
もの	36

や

よい題	47
要旨	127, 128
要約	114
予告	88
読み手がイメージできる	54
読み手との約束	98
読み手の専門分野	63

読み直す	14
読みにくい気がする	61

ら

らせん状の構成	88
略語	61, 63, 64
類義語	139
論が飛躍	71
論述テスト	60
論点が重なっている	77
論点を数え上げる	78
論点を知る	18
論点を整理する	77, 78
論のつながりの悪さ	14
論文の執筆	124
論文らしく	61
論理が曖昧	46
論理的なつながり	74
論理展開	80

わ

和語	64

◆編著者紹介

佐渡島紗織（さどしま・さおり）
1998年イリノイ大学にてPh.D.取得。国語教育。現在、早稲田大学国際学術院教授。早稲田大学グローバルエデュケーションセンター、アカデミック・ライティング教育部門長。

坂本麻裕子（さかもと・まゆこ）
2012年名古屋大学大学院国際言語文化研究科にて博士（文学）取得。日本文学。早稲田大学オープン教育センター助手を経て、現在、早稲田大学グローバルエデュケーションセンター助教。

大野真澄（おおの・ますみ）
2012年英国エセックス大学大学院言語言語学研究科にてPh.D.取得。応用言語学・英語教育学。早稲田大学グローバルエデュケーションセンター助教を経て、現在、慶應義塾大学法学部専任講師。

レポート・論文をさらによくする「書き直し」ガイド
——大学生・大学院生のための自己点検法29

Ⓒ S. Sadoshima, M. Sakamoto, M. Ono, 2015　　NDC 816/viii, 146p/21cm

初版第1刷	2015年12月21日
第7刷	2024年4月1日

編著者	佐渡島紗織・坂本麻裕子・大野真澄
発行者	鈴木一行
発行所	株式会社 大修館書店
	〒113-8541　東京都文京区湯島2-1-1
	電話　03-3868-2651 販売部／03-3868-2291 編集部
	振替　00190-7-40504
	[出版情報] https://www.taishukan.co.jp

装丁者	内藤惠子
印刷所	壮光舎印刷
製本所	難波製本

ISBN978-4-469-22244-9　　　　　　　　　Printed in Japan

Ⓡ本書のコピー，スキャン，デジタル化等の無断複製は著作権法上での例外を除き禁じられています。本書を代行業者等の第三者に依頼してスキャンやデジタル化することは，たとえ個人や家庭内での利用であっても著作権法上認められておりません。